起業から経理、
節税対策、
老後資金まで

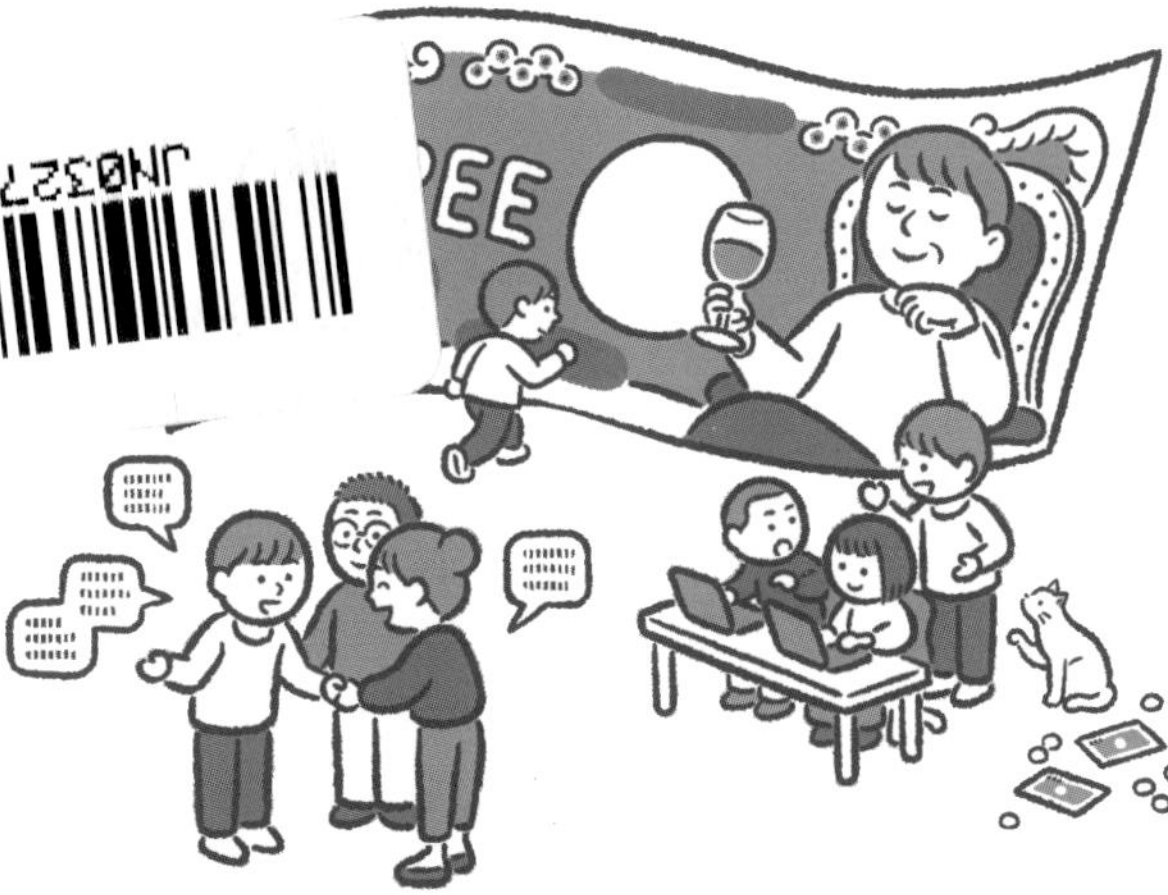

フリーランス大全

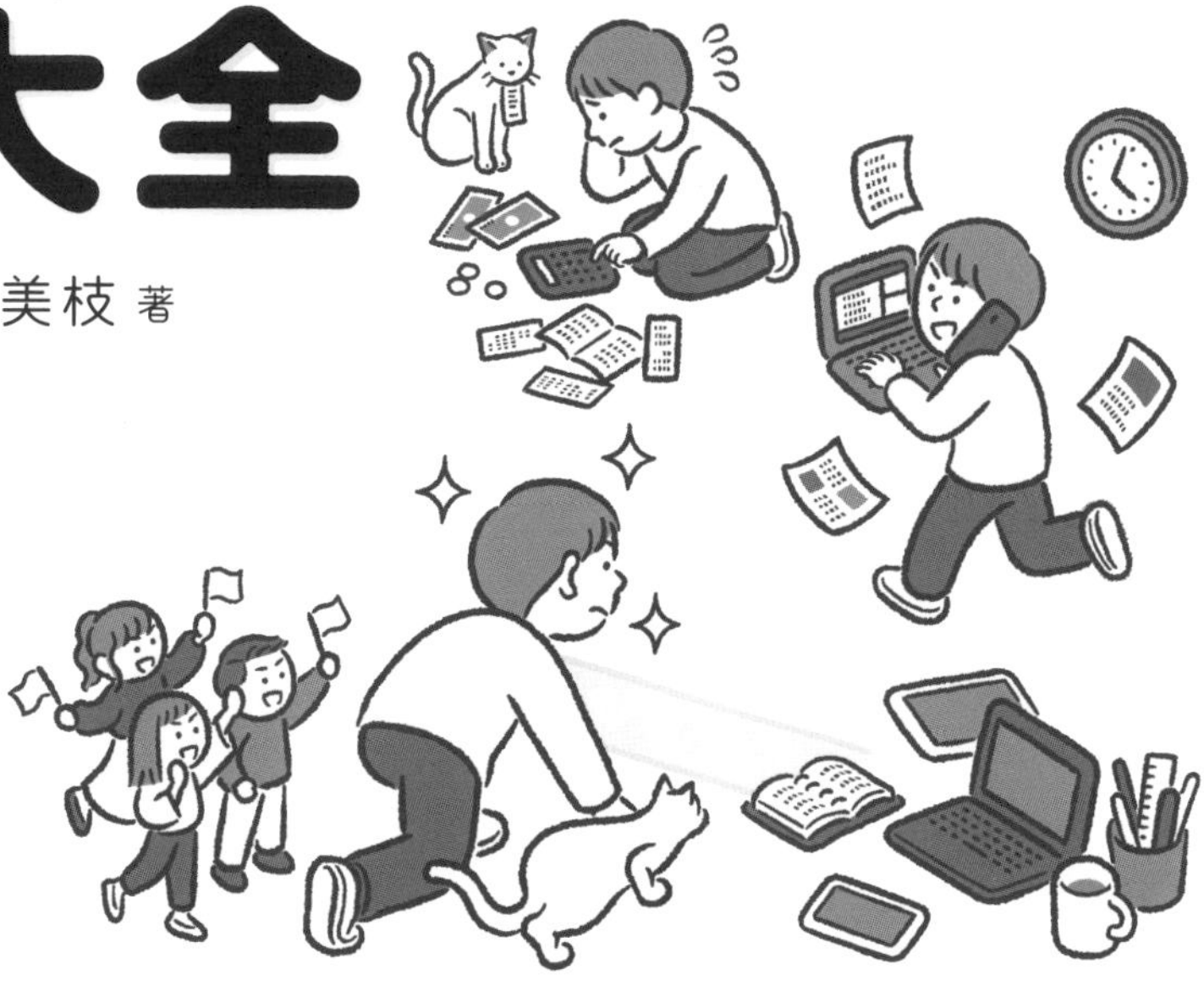

井戸美枝 著

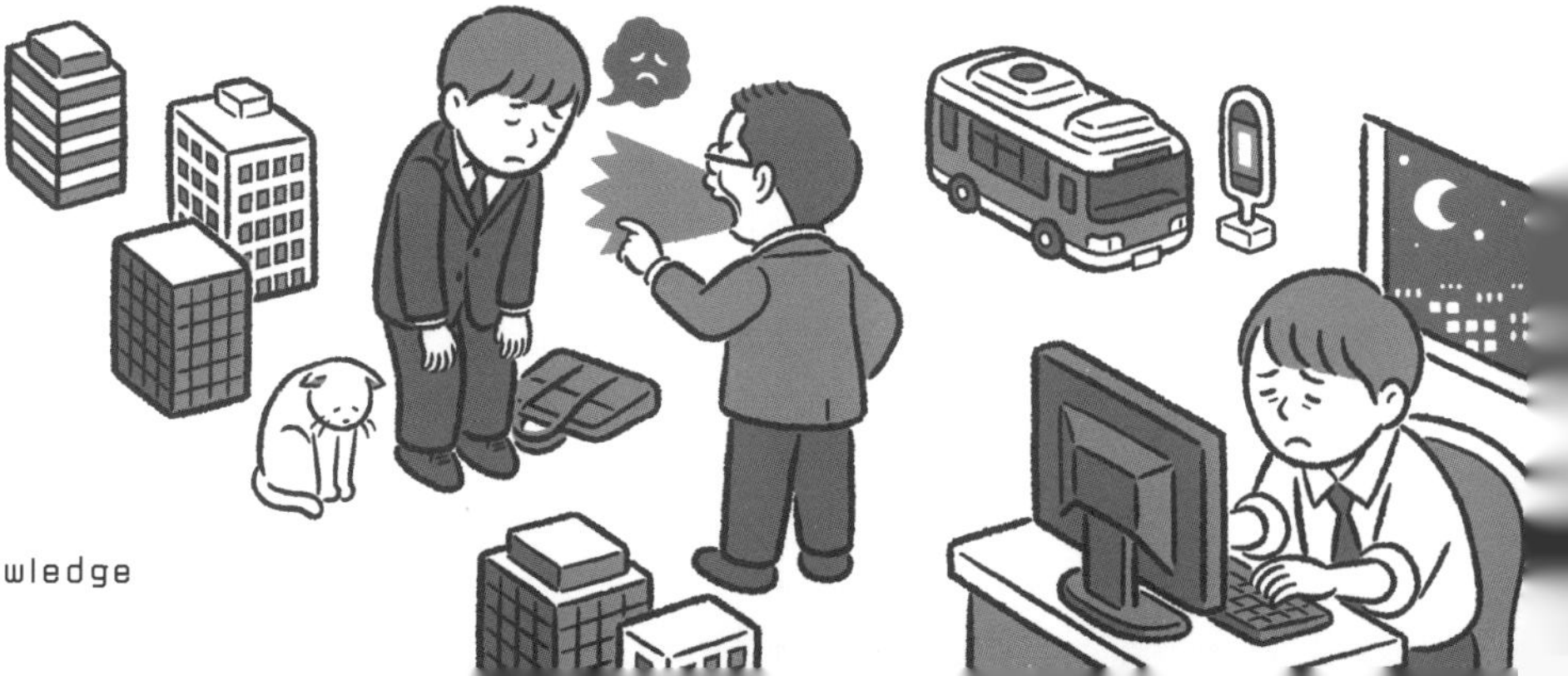

X-Knowledge

はじめに

人生は、実に楽しいものです。人生１００年、生きたいようにいろいろな生き方ができます。現在の日本は幸せな国なのです。問題は、どのように生きていけばよいのか、明確に教えてくれる人がいないということです。それは、自分で答えを見つけ出すしかないのです。自分の人生を自分で描き、幾度も挑戦することです。挑戦というと大袈裟な感じですが、まずは自分が好きなこと、やってみたいことを、正直に心のなかの自分に問いかけてみましょう。まず、やりたくないことや嫌いことは最初から除外します。すると、これならやってみようということがわかってきます。少なくとも、いくつかの候補が残ります。それらをきちんとリストにしておき、一つ一つ挑戦していくのです。以上は、私自身が行ってきたことです。仕事を始めて、あっという間に30年以上が経ってしまいました。その経験からフリーランスとして本当に大切なことは、３つだけです。

一つは、なんでも自分でやること、やれるようになることです。

やる気があっても自分ではやれないということがあります。配偶者や家族などの助けが得られる場合を除いて、自分でやれないなら、やらない方が良いと思います。

二つ目は、自分のやろうとしていることや仕事が好きなことです。

自分にとって嫌なこと、無理なことはできません。長続きしないのです。無理をしても良いことは一つもありません。私は本が好きで自分でも本を書きたいと

思い、24年前に本を初めて上梓しました。それ以降、毎年3冊くらい本を出しています。好きだからこそ、長く続けられるのです。

三つ目は、お金の専門家になることです。

フリーランスは個人事業者でもあります。すべて自分で判断し、事務処理もしなければなりません。専門家に意見を聞くことはあっても、判断は他人に任せることはできません。ただ、専門家といってもそれで収入を得るというわけではなく、同等レベルの知識とノウハウを持っておきたいということです。単に知らないということだけで経済的マイナスや不利益が生じます。無知やノウハウ不足は、結局は自分自身にすべて跳ね返ってくるのです。お金の専門家というとハードルが高く感じるかもしれません、今日、明日になる必要はなく、数年や十数年、時間をかけてやれば良いのです。

すべての人がフリーランスに向いているとは思いません。ただ、本書を手する人はフリーランスに一度は挑戦してほしい、その時の支えになることを願ってこの書をまとめました。明るい未来につながることを強く願っております。

本書の作成にあたっては、エクスナレッジの別府美絹さん、企画編集していただいた大山弘子さんの多大なご協力、ご厚意に心より感謝いたします。

2023年11月　井戸美枝

CONTENTS

Introduction

フリーランス新時代がやってきた！

Part 1

フリーランスになる前に知っておきたいこと

Part 2

フリーランスで働く〝コツ〟と〝キモ〟

Part 3 かしこいお金の管理と損をしない経営

Part 4

フリーランスのための社会保障制度

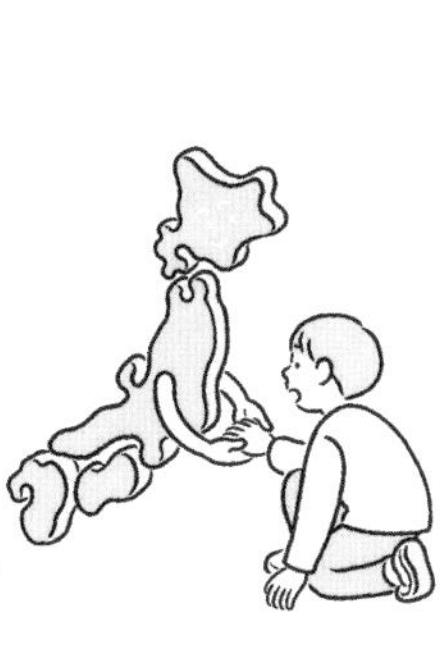

Part 5

資産運用で老後資金を備える！

※本書に掲載している情報は2024年1月時点のものです。
※投資は個人の考えや判断に基づいて行ってください。当社ではいかなる責任も負いません。

Staff
構成・取材　大山弘子
イラスト　白井匠
本文デザイン　村上麻紀
装丁　細山田デザイン事務所（細山田光宣、南 彩乃）
編集協力　吉田篤（シグマ）
編集　別府美絹（エクスナレッジ）

Introduction

フリーランス新時代がやってきた!

#1
働き方

長寿化で生き方、働き方が変わった

「人生100年時代」のいま、生き方、働き方が大きく変化

長生きする時代だからこそ、働けるうちは働きたい

「人生100年時代」のいま、60～65歳で仕事を引退し、あとは悠々自適に暮らすという人生設計では、35～40年もの長い老後を過ごすことになります。

働かずに過ごす老後の時間が長くなればなるほど、「生きているうちに貯蓄を使い果たしてしまうかもしれない」といった、お金に関する不安も大きくなります。そのため、長生きを「リスク」と捉える人も増えているようです。

では、どうすれば、人生を最後まで生き生きと楽しく過ごせるのでしょうか。65歳以降も働いて収入を得ることができれば、お金に関する不安はだいぶ和らぐはずです。65歳以降も働く人が増えているのも、収入のある仕事をしている人の36・7%が「働けるうちは、いつまでも働きたい」と考えているのも、そのためではないでしょうか。そのなかで、会社や組織に所属せず、定年もないフリーランスという働き方が注目されています。

POINT!

- 人生100年時代は、長生きがリスクになりうる
- 働ける間は働きたい人が4割弱いる
- 定年のないフリーランスが注目されている

65歳以降も働く人が増えている

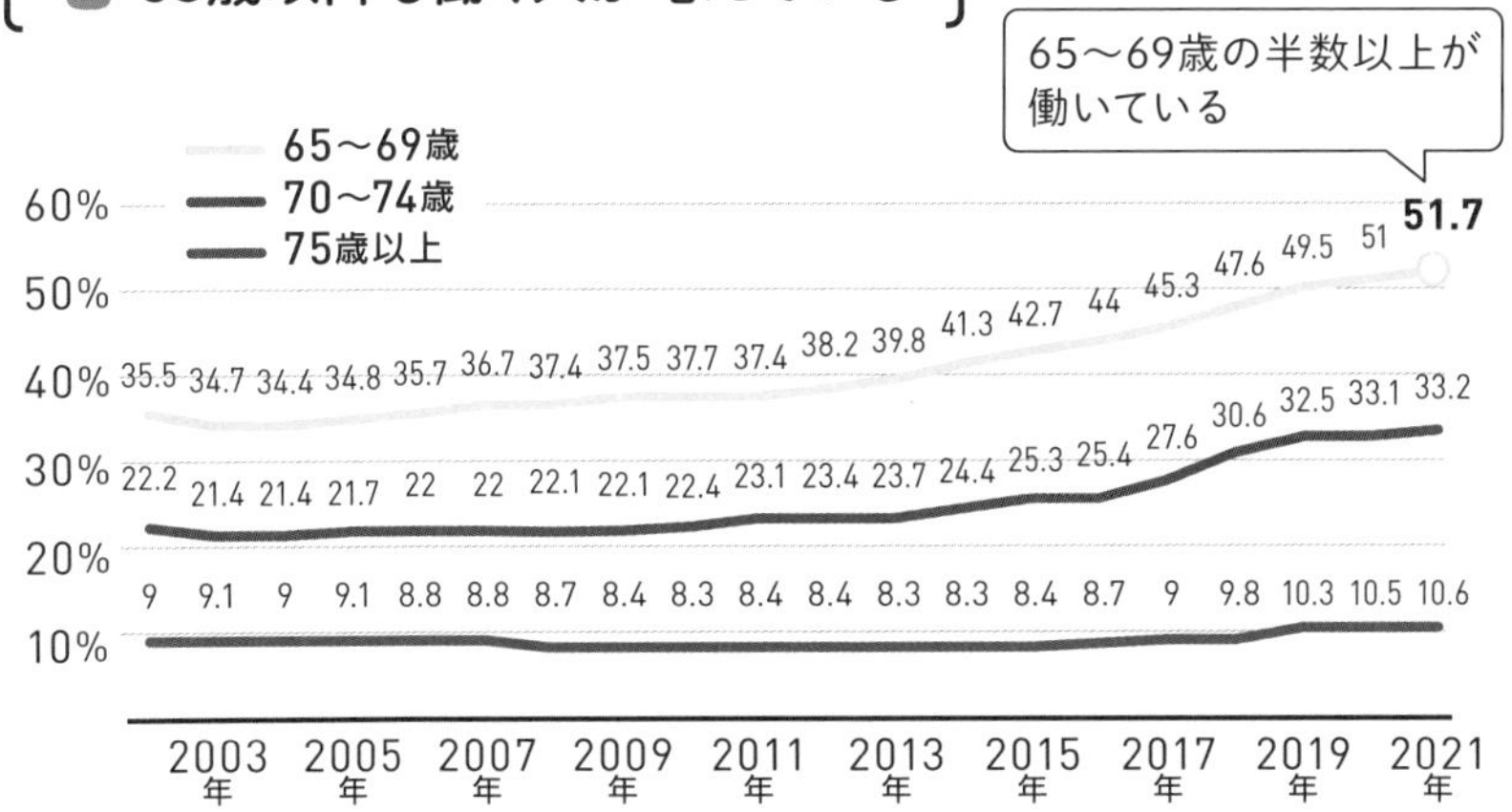

出所：内閣府「令和4年版高齢社会白書」労働力人口比率（人口に占める労働力人口の割合）の推移

何歳まで収入を伴う仕事をしたいか？

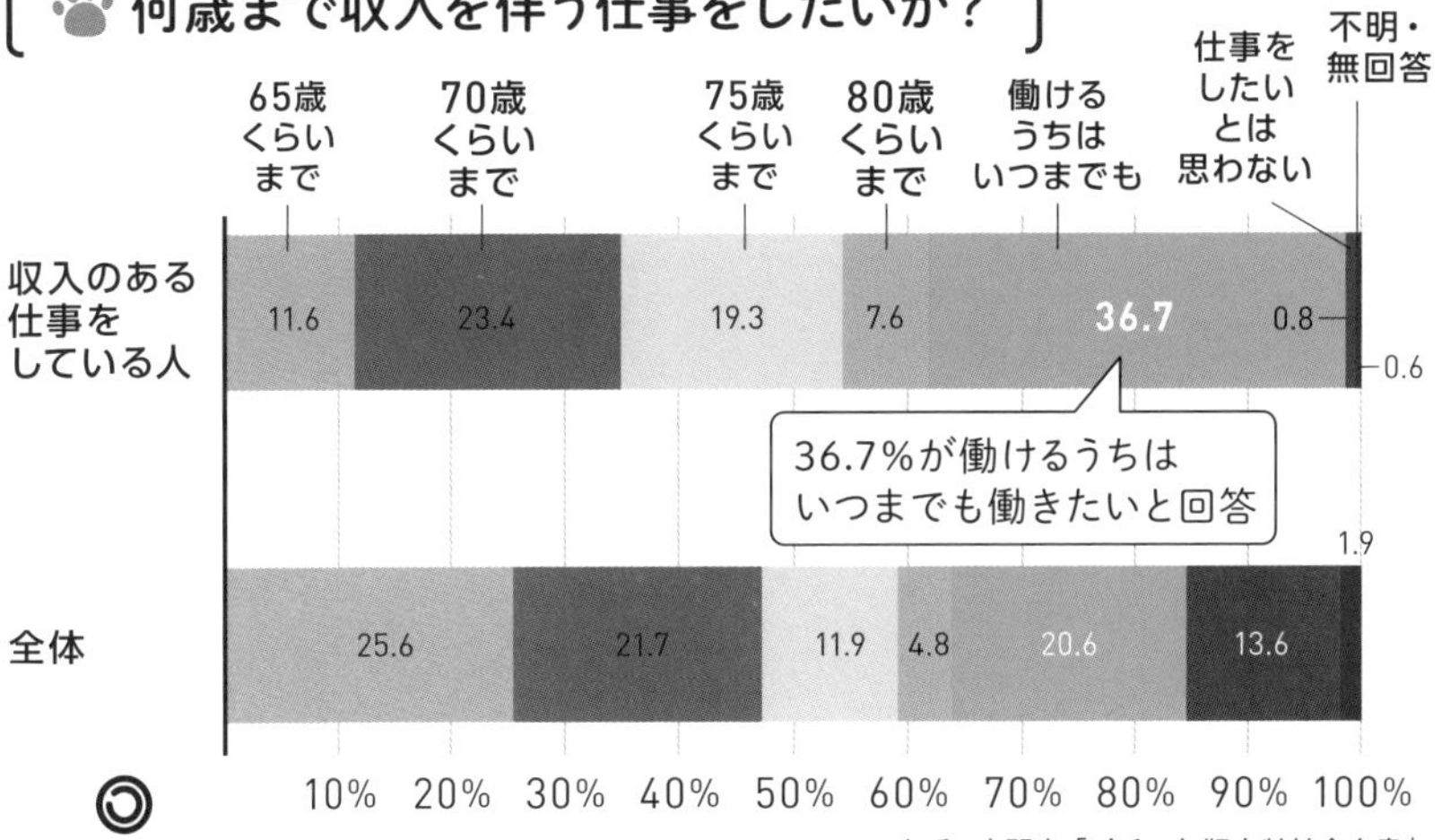

出所：内閣府「令和2年版高齢社会白書」

#2
社会人基礎力

長寿化で生き方、働き方が変わった

長く活躍し続けるための「社会人基礎力」とは？

人生の各段階で活躍し続けるために求められる力

平均寿命が延びたことで、人生は「80年」の時代から、「100年」の時代に移っています。かつては20年だった老後の時間が、40年と2倍になっているのですから、働き方や生き方も変わらなくてはならないでしょう。見方を変えれば、年齢や性別などを問わず、すべての人に活躍の場や機会がある時代とも言えます。

といっても、「活躍して欲しい」と言われなければ、働き続けることはできません。これからの時代は、ライフステージの各段階で活躍し続けるために求められる力である「社会人基礎力」が不可欠です。

その「社会人基礎力」を発揮するには、「学び：何を学ぶか」、「組み合わせ：自分のさまざまな体験や能力をどう組み合わせて、活躍の場をどう広げるか」、「目的：自己実現や社会貢献に向けて何をするか」の3つを、バランスを取りながら繰り返し、自分のキャリアを自分で切り開くことが不可欠とされています。

POINT

- これからの時代は「社会人基礎力」が不可欠
- 「学び」「組み合わせ」「目的」のバランスが大切
- 自分でキャリアを切り開く時代に

「人生100年時代」に求められる「社会人の基礎力」とは？

活躍し続けるために求められる3つの能力＝社会人基礎力

前に踏み出す力
主体性、働きかける力、実行力

考え抜く力
課題発見力、計画力、想像力

チーム で働く力
発信力、傾聴力、柔軟性
状況把握力、規律性
ストレスコントロール力

「3つの能力」を発揮するに必要なこととは？

学び
何を学ぶか

- 社会や技術の変化に対応するために何を学ぶか
- 活躍し続けるために何を学ぶか

組み合わせ
どのように学ぶか

- 多様な経験や能力をどう組み合わせるか
- 活躍や活動の場をどう広げるか

目的
どう活躍するか

- 自己実現のためにどんな行動が必要か
- 社会にどんな価値を提供できるか

#3

働き方

長寿化で生き方、働き方が変わった

「これまで」の働き方と「これから」の働き方の違い

社内外で通用するスキルや能力を身に付ける

これまでの時代は、終身雇用が大前提で、定年まで無事に勤めあげることが重視されていました。そのため、会社が用意するプログラムに従ってさえいれば、会社内で必要とされるキャリアを作ることができたのです。ただし、その会社でしか通用しないキャリアや能力が多く、定年後に仕事を探そうとしても、同じ職場に再雇用されるなど選択肢は少ないものでした。それでは、社会で必要とされ続け、長く働き続けることはできないでしょう。

　これからの働き方には、社内外で通用するスキルや能力を身に付けていることや、環境の変化に耐えうるキャリアを自分で作ることが不可欠です。社内外で必要とされるスキルや能力があれば、転職はもちろん、フリーランスとして独立することもできます。年齢に関係なく、生涯に渡って求められる人材となり、活躍し続けることも可能になります。

POINT!

これまでは会社がキャリアを用意した

これからは自分でキャリアを作る

社内外で通じる能力やスキルが必要

「これまで」の働き方と「これから」の働き方の違い

「これまで」の働き方

その職場でしか通用しないキャリア、能力

- 終身雇用が前提
- キャリアは会社が作ってくれる
- 個人では景気の変化に対応しきれない

定年まで大過なく務めよう

↓

定年後は再雇用しか道がない…

「これから」の働き方

社内外で必要とされるスキル、能力を身に付ける

- 社外への転身も視野に入れて働く
- キャリアは自分で作る
- 環境の変化に耐えられるキャリアを設計
- 生涯に渡って求められる人材になる

↓

独立・転職

ITスキルを活かして独立しよう

↓

社内、社外、独立などで働き続ける

#4
フリーランスガイドライン

長寿化で生き方、働き方が変わった
新しい働き方が拡大している

✓「ガイドライン」を制定し、国もフリーランスの活躍を後押し

少子高齢化が進み人口が減少しています。経済社会の活力を維持するためにも、働く意欲があるシニア層がその能力を発揮できるように、働ける環境整備を図ることが必要です。多様な特性やニーズを活かせるよう、70歳までの就業機会の確保について、多様な選択肢を法制度で整えられる方向です。２０２１年４月から、以前は65歳だった定年を70歳まで引き上げたり、70歳まで再雇用すること、定年制を廃止することなどが努力義務とされました。また、定年後も働き続けるシニアも増えています。

そのなかで、定年がなく、長く働き続けられるフリーランスという新しい働き方を選択する人が増えています。とはいえ、フリーランスは立場が弱いことから、不利益を被る場面も少なくありません。政府も２０２１年３月に「フリーランスガイドライン」をつくり、フリーランスが安心して働く環境整備を行っています。

POINT!

定年が70歳まで延びた（努力義務）

フリーランスで働く高齢者が増加

フリーランスガイドラインができた

法律の改正で長く働けるようになった

従来

義務

1. 定年の引き上げ **65**歳まで
2. **定年の廃止**
3. 再雇用 **65**歳まで

2021年4月～

努力義務

雇用する場合

1. 定年の引き上げ **70**歳まで
2. **定年の廃止**
3. 再雇用 **70**歳まで

創業支援など

4. 業務委託契約を締結する制度の導入
5. 社会貢献事業制度の導入

どちらも①～③もしくは①～⑤のどれかを実施する

フリーランス人口の推移

2021年10月時点のフリーランス人口は
2015年に比べて約640万人増えている

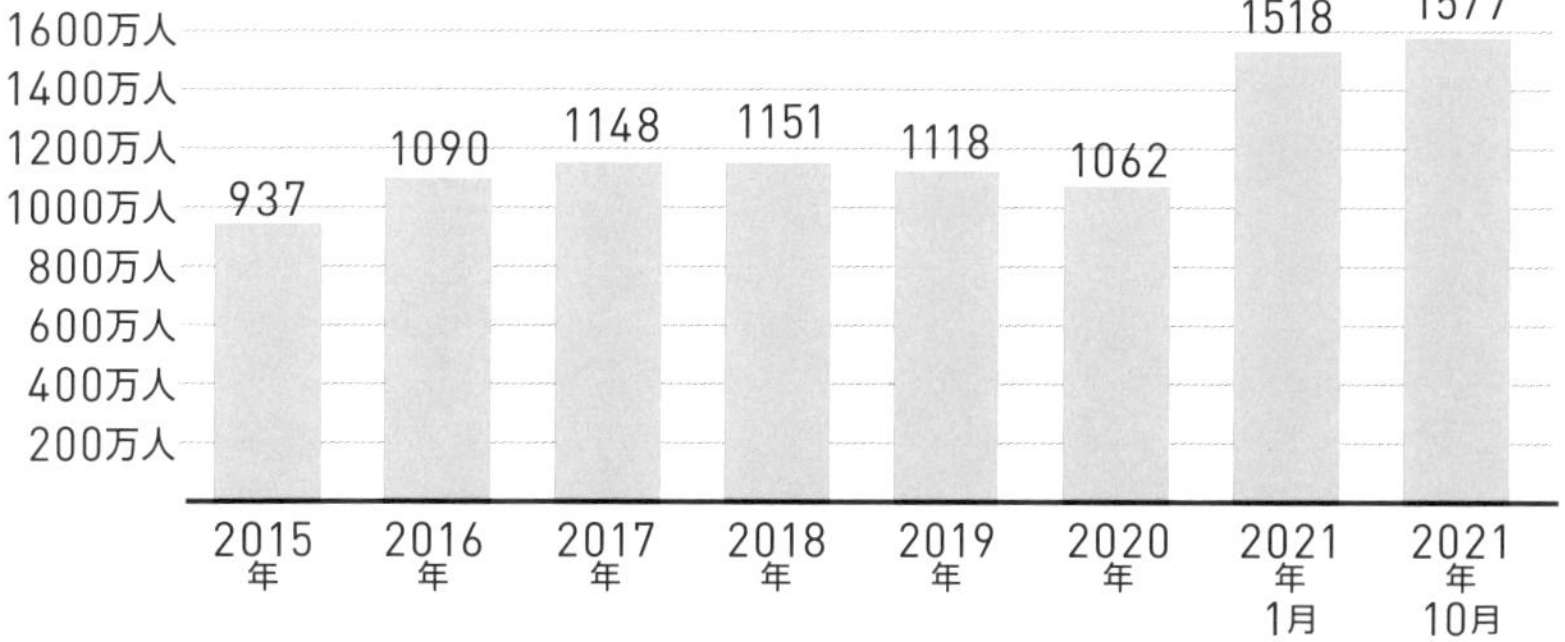

出所：ランサーズ「新・フリーランス実態調査 2021-2022年版」

フリーランスが安心して働くためのガイドラインもできた！

「フリーランスガイドライン」の概要

- ☑ 取引条件を書面で明示する
- ☑ 報酬支払期日を設定して、期日内に支払う
- ☑ 禁止事項が定められた（発注時に決めた報酬の減額など）
- ☑ 募集情報を的確に表示する（虚偽や誤解を招く表示の禁止）
- ☑ 育児や介護と業務の両立に配慮する

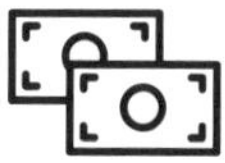

など

#5
パラレル
キャリア

年齢にかかわらず働ける時代が来た

パラレルキャリアって何？

✓パラレルキャリアでスキルアップや自己実現も！

働き方が多様化したことに加えて、非正規雇用で働く人も増えるなかで、「パラレルキャリア」という働き方を選ぶ人が増えています。

パラレルキャリアとは、本業と並行して複数の仕事や役割を持つことです。本業以外に仕事をすると聞くと、「収入が欲しいからでは？」と考えがちです。もちろん、収入が目的の場合もありますが、スキルアップや自己実現、社会貢献などを目的に行うことが少なくありません。そのため、会社勤めをしながら、休日に本業とは異なる分野の仕事をすることは、キャリア形成やスキルの向上につながる可能性があります。社外の世界を知ることによって、自分の強みに気づけたり、新たな得意分野を確立することができるかもしれません。人脈を広げることもできるでしょう。休日や就業前後の自由時間を活用してパラレルキャリアを始めて、フリーランスとして独立する準備をするという選択肢もありそうです。

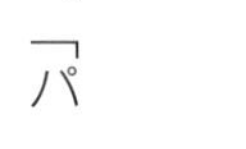

POINT!

本業と並行して複数の仕事や役割を持つこと

キャリア形成やスキル向上にもつながる

独立準備にもつながる

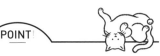

パラレルキャリアをはじめた動機

パラレルキャリアの時間配分

パラレルキャリアは、働き方の時間配分で「水平型パラレルキャリア」と「垂直型パラレルキャリア」に分けられる

水平型パラレルキャリア

独立系・副業系フリーランス、朝活、スポットコンサル、プロボノ、地域活動、起業準備など

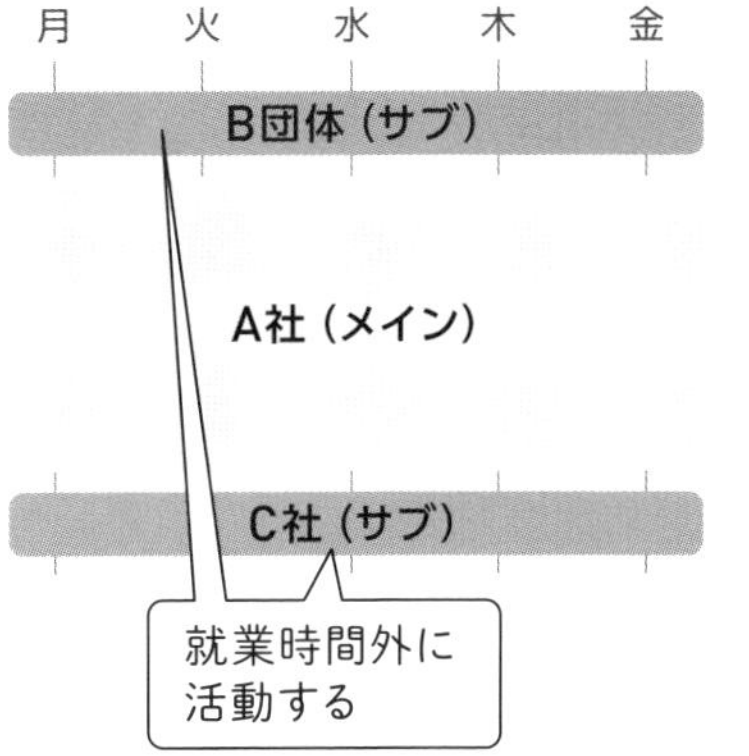

「水平型パラレルキャリア」の場合、平日のコアタイムはメインとなる業務があるため、就業時間前後のすきま時間に、副業や兼業、その他の活動を行う。

垂直型パレレルキャリア

独立系フリーランス、週2〜3日就労社員、パート・アルバイト、プロボノ、地域活動、起業準備など

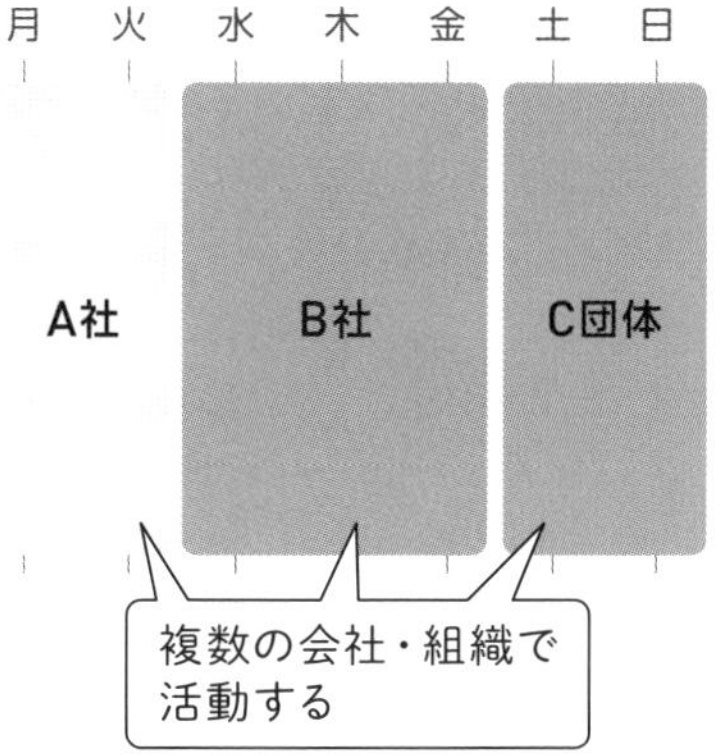

「垂直型パラレルキャリア」の場合は、曜日や時間帯によって複数の会社や組織で働いたり、その他の活動に従事する。

出所：厚生労働省「フリーランス白書2018」

#6

4つのタイプ

フリーランスの働き方

フリーランスの働き方には4つのタイプがある

✓働き方や生活スタイルで4タイプに分けられる

フリーランスは、働き方や生活スタイルによって、「副業系すきまワーカー」、「複業系パラレルワーカー」、「自営業系独立ワーカー」、「自由業系フリーワーカー」の4タイプに分けることができます。

「副業系すきまワーカー」は、正社員として働きながら、すきま時間に副業をする働き方です。「複業系パラレルワーカー」は、雇用形態に関係なく、複数の仕事や役割を持つ働き方で、スキルアップや人脈づくりにつながるメリットがあります。「自由業系独立ワーカー」は、特定の企業には所属せず、専門的な分野の仕事行う働き方。専門性を活かして働く、独立したプロフェッショナルといえます。「自営業系独立ワーカー」は、企業に所属しない個人事業主や法人経営者で、働く場所や時間に縛りはありません。フリーランスとして独立を考えているのであれば、副業系すきまワーカーのような働き方から挑戦してもいいかもしれません。

POINT!

フリーランスは4つのタイプに分けられる

働く時間や収入は「自営業系独立ワーカー」が最も多い

「副業系すきまワーカー」から準備を始める手も

フリーランスの4つのタイプ

副業系すきまワーカー

●働き方など
常時雇用されているが、副業としてフリーランスの仕事をする

人数（2021年）	424万人
フリーランスとして1週間に働く時間	5.7時間
フリーランスとしての平均年間報酬	62.3万円

複業系パラレルワーカー

●働き方など
雇用形態に関係なく、2社以上の企業と契約ベースで仕事をする

人数（2021年）	356万人
フリーランスとして1週間に働く時間	9.9時間
フリーランスとしての平均年間報酬	102.8万円

自由業系フリーワーカー

●働き方など
特定の勤務先がない、独立したプロフェッショナル

人数（2021年）	297万人
フリーランスとして1週間に働く時間	10.3時間
フリーランスとしての平均年間報酬	89.0万円

自営業系独立ワーカー

●働き方など
個人事業主、法人経営者として1人で経営するオーナー

人数（2021年）	500万人
フリーランスとして1週間に働く時間	27.4時間
フリーランスとしての平均年間報酬	297.5万円

出所：ランザース「新・フリーランス実態調査2021-2022年版」

副業を認める会社が増えたことで
すきまワークやパレレルワークが
しやすくなっています

#7
業種・職種

長寿化で生き方、働き方が変わった
フリーランスが多い業種、職種は？

✓サービス業が21・1％と最も多い

フリーランスは、どのような業種、職種に多いのでしょうか。リクルートワークス研究所の「全国就業実態パネル調査2019」によると、フリーランスに多い業種は、「サービス業」で全体の21・1％、次いで「情報通信業」（9.9％）です。職種別では、「営業・販売職」が全体の6.5％と最も多く、「建設・土木・測量技師」（6.1％）と続きます。

同調査によると、「営業・販売職」の場合、「定年前に退職し、十分な職業経験や人脈を形成してから『家族や知人の紹介』（28・8％）通じて」独立した人が多く、十分なキャリアや能力、人脈作りが欠かせないことがわかります。

なお、フリーランス全体の平均労働日数は週4.7日で、労働日数が最も多い職種は「クリエイティブ職（美術家・写真家・デザイナー）」で5.3日、次いで「建設・土木・測量技術者」「運輸・通信関連職」（いずれも5.0日）となっています。

POINT!

平均労働日数は週4.7日で会社員より少ない

業種は「サービス業」が２割超で最多

職種は「営業・販売職」が多い

フリーランスに多い業種は？

業種	割合
サービス業	21.1%
情報通信業	9.9%
建築業	9.0%
販売・小売業	8.7%
製造業	5.4%

フリーランスに多い職種は？

職種	割合
営業・販売職	6.5%
建築・土木・測量技術者	6.1%
生産工程・労務職	5.9%
その他専門的・技術的職業	5.5%
クリエイティブ職（美術家、写真家、デザイナー）	4.6%

働く時間・日数はどのくらい違う？

	時間数	日数
フリーランス	週31.9時間	週4.7日
会社員	週42.1時間	週5.1日

出所：リクルートワークス研究所「データで見る日本のフリーランス」

サービス業の平均労働日数は4.5日、
営業販売職は4.7日となっています

Column

「リタイア後だから報酬は不要」ではダメ

無報酬の労働が若い世代の活躍を妨げる

定年後退職後にフリーランスとして活躍することを考えている人もいるのではないでしょうか。なかには、「仕事はするけれどもお金はいらない」と、無報酬で仕事を引き受ける人もいるようです。

「無報酬でもいいから仕事をしたい」人がいると、依頼主が「お金を払わなくても仕事をしてもらえる」と考えてしまう可能性があります。現実問題として、フリーランスへの悪質な無報酬オファーは少なくありません。それはお金を払わなくても仕事をする人がいることも影響しているでしょう。

無報酬なら若い世代のサポートに注力する

そこかしこで、そんなことが起きたら、これからフリーランスとして活躍しようと考えている同業の若い世代をジャマすることになります。まさに「老害」です。

「生きがい」が欲しいのなら、若い世代の力になるような働き方をするべきです。例えば、営業や人脈作りなどは、これまでの経験を大いに活かせる分野です。若い世代に、アドバイスしたり、一緒に活動してサポートをすることもできるでしょう。

フリーランスとして働くのなら、適性な報酬を受け取るべきです。もしくは、報酬を取らずに後進を育成し、業界全体を盛り上げることにつなげていきたいものです。

Part 1

フリーランスになる前に知っておきたいこと

#1
働く動機

「フリーランス」で働く魅力とメリット

フリーランスで働く動機を明確にしよう

✓フリーランスで何がしたいか、何ができるかを考える

この本を手にしたあなたは、「将来フリーランスとして独立したい」や「フリーランスとして、自分の好きなことや得意なことでお金を稼ぎたい」と考えているのだと思います。ですが、「考えて」いるだけでは、何も始まりません。

フリーランスを目指すのであれば、なぜフリーランスとして働きたいのか、フリーランスとして何をしたいのかなどを考え、整理してみましょう。どこで働きたいのか、働く時間はどのくらいか、不安要素にはどんなことがあるのかなどを書き出してみます。

仕事をしてお金を稼ぐためには、何かしらの成果を挙げる必要もあります。成果を挙げるために、何ができるのか、これまでに身につけたどんなスキルが活かせそうか、やりがいを感じたり、能力を発揮できるのはどんな場面かなど、キャリアを棚卸して、自分の能力やスキルを客観視することも大切です。

POINT!

- なぜフリーランスで働きたいかを考えよう
- 働く場所や時間、不安要素なども整理する
- キャリアの棚卸しで自分を知ることも大切

フリーランスで働きたい理由を考えてみよう

何をしたいか？

例：社会保険労務士、FPとして独立したい

なぜフリーランスになりたいか？

例：専門的な知識、技能を活かすことができる
組織で働くよりもやりがいを感じられる
年齢に関係なく働くことができる

働く場所はどこか？

例：自宅兼事務所

働く時間はどのくらいか？

例：週40時間、月20日程度

不安要因は何か？

例：収入が不安定になること
仕事を見つけられるかどうか

フリーランスになる前に自分のキャリアを棚卸ししよう

	ポイント	記入例
これまで経験した業務内容	具体的な業務内容を記入	例：勤怠管理、スケジュール管理／出納管理、給与・社会保険管理／決算書作成
身に付けたスキル、資格	職務を通じて身についたスキルや資格を記入	例：簿記2級／社会保険労務士／ファイナンシャル・プランナー
身に付けたヒューマンスキル	人間力や強みなどを記入	例：正確性／効率性／臨機応変な対応力
成果や評価	具体的な成果や評価を記入	例：経費精算を効率化するクラウドシステムを導入し、営業担当者、役員から評価される／勤怠管理クラウドシステムを選定、導入し、業務効率化につなげる
やりがいを感じる場面、能力を発揮できる場面	独立後の業務で活かせる強みを把握	例：業務効率化につながる新規提案／従業員からの疑問、質問に適切な回答をする
苦手な業務	独立までに伸ばしたいスキルや能力、人に任せたほうがいいスキルや業務を把握	例：営業業務→営業スキルをアップさせたい、人脈を広げたい

「フリーランス」で働く魅力とメリット

フリーランスに求められる6つの条件

✓専門性や自主性、責任感、金銭管理などが不可欠

フリーランスとして活躍するために求められる6つの条件があります。

ひとつ目は専門性です。フリーランスには、プロフェッショナル人材として、また即戦力として活躍することが求められます。そのためには、仕事をするうえでの専門性や技能が不可欠になります。2つ目は、自主性です。仕事を獲得するための活動などを自分の意志で行う力が必要なことはもちろん、自らスキルを高める意識も重要でしょう。

3つ目の条件は、一つひとつの仕事に真摯に向き合う責任感があること。4つ目は、タイムスケジュールや納期などの適切な自己管理ができる能力です。5つ目はコミュニケーション力。仕事を進めるには、円滑なやり取りが不可欠になります。そして、6つ目は金銭管理ができることです。なぜなら、フリーランスには日々の会計業務に加えて、毎年、自分で確定申告を行う必要があるからです。

POINT!

- プロとしての専門性や技能は不可欠
- 自主性や責任感、自己管理力が重要
- 金銭管理力も欠かせない

フリーランスに求められる6つの条件

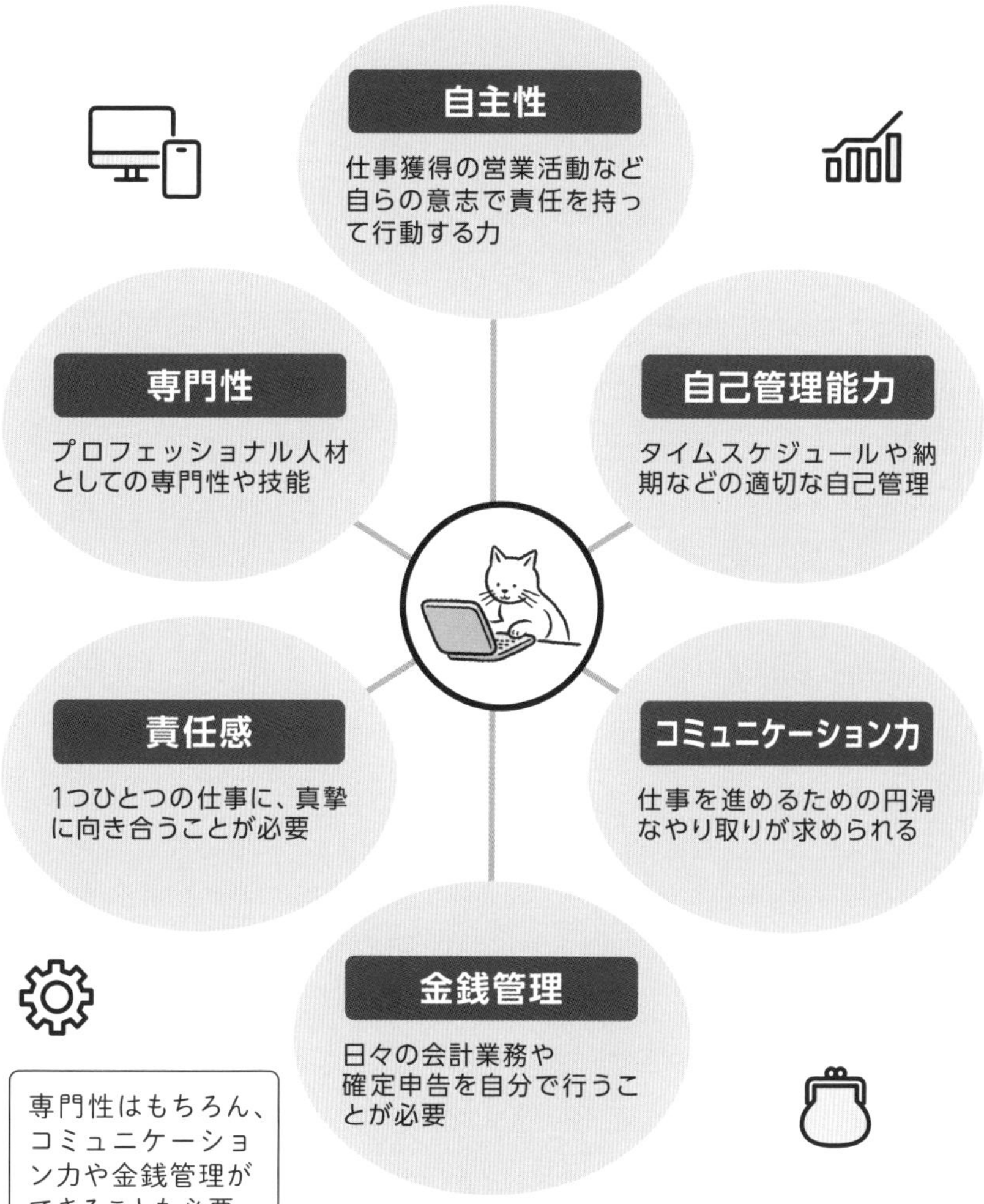
自主性
仕事獲得の営業活動など自らの意志で責任を持って行動する力
専門性
プロフェッショナル人材としての専門性や技能
自己管理能力
タイムスケジュールや納期などの適切な自己管理
責任感
1つひとつの仕事に、真摯に向き合うことが必要
コミュニケーション力
仕事を進めるための円滑なやり取りが求められる
金銭管理
日々の会計業務や確定申告を自分で行うことが必要

専門性はもちろん、コミュニケーション力や金銭管理ができることも必要

このほかにも、楽観的であることや、向上心があること、営業力や交渉力があること、体調管理ができることなどもフリーランスには求められます。

#3

メリット

「フリーランス」で働く魅力とメリット

フリーランスのメリット

✓自分の仕事スタイルで自由に働ける

フリーランスという働き方には、たくさんのメリットがあります。一番のメリットは、なんといっても、自分の仕事スタイルで自由に働けることです。また、働く時間や場所を自由に決められるので、自分のライフスタイルに合わせた働き方ができます。営業に力を入れて受注案件を増やしたり、報酬が高額な仕事を受けることができれば、収入が上がる可能性があることも大きな魅力です。

どんな仕事をするかを自分で選べるので、資格や能力を活かして働くことや、挑戦したいことや好きなことを仕事にすることもできます。リモートワークが可能な仕事なら、職場の人間関係に煩わされるストレスからも解放されるでしょう。

さらに、フリーランスには定年がないので、「働きたい」と思えば、何歳までも働けます。自分の考え方や働き方次第で、ワークライフバランスをより良くすることも可能になるはずです。

POINT!

- 自分のルールやスタイルで自由に働ける
- 資格や能力を活かして働ける
- 定年がないので好きな年齢まで働ける

🐾 フリーランスで働くメリット

- ☑ 自分の仕事スタイルで働ける
- ☑ 働く時間や場所を自由に決められる
- ☑ 収入が上がる可能性がある
- ☑ 自分の資格や能力を活かすことができる
- ☑ 挑戦したいこと、好きなことを仕事にできる
- ☑ 働くうえで年齢制限がない
- ☑ 職場の人間関係に煩わされない
- ☑ ワークライフバランスをより良くできる

挑戦したいことや、好きなことを
仕事にできることも
フリーランスのメリットです

#4

デメリット

「フリーランス」で働く魅力とメリット

フリーランスのデメリット

✓収入が不安定なため、社会的信用を得にくくなる

フリーランスで働くことには、デメリットもあります。会社員は毎月決まった収入を受け取れますが、フリーランスの場合は収入が安定しません。仕事がなかなか見つからないこともあるため、会社員時代よりも収入が少なくなるかもしれません。そのため、社会的信用を得るのが難しく、住宅ローンやクレジットカードの審査に通らないリスクもあります。

一人暮らしでリモートワークがメインの仕事をする場合には、人とのコミュニケーションも少なくなりがちですし、ネットワークを広げる機会も多くはありません。仕事が原因の病気やけがへの補償がなく、加入する公的年金が国民年金だけなので、会社員に比べて老後に受け取れる年金が少ないというデメリットもあります。日々の会計や事務仕事、確定申告なども自分でやらなければなりません。

このようなデメリットがあることも、しっかり理解しておきましょう。

POINT!

- 収入や仕事が不安定になる
- 仕事が原因の病気やケガの補償がない
- 老後の公的年金が少ない

フリーランスで働くデメリット

- ☑ 収入が少ない・安定しない
- ☑ ネットワークを広げる機会が少ない
- ☑ 仕事を自分で見つける必要がある
- ☑ 仕事が原因の病気やけがへの補償がない
- ☑ 老後に受け取れる公的年金が少ない
- ☑ 就業時間や休日に関する規制がない、規則正しい生活が難しい
- ☑ 契約条件があいまいなことがある
- ☑ 確定申告など事務仕事を自分でやることになる
- ☑ 社会的信用を得るのが難しい

仕事や収入を得るコツは第2章、
会計や確定申告については第3章、
病気やケガへの備えは第4章、
老後資金の準備は第5章で詳しく紹介します

#5 キャリアプラン

フリーランスで働くライフ&キャリアプラン

長寿だからこそ、中長期のキャリアプランを考える

✓20年後、25年後を見据えた中長期計画を立てよう

会社員として働く場合は、会社が「このポストや職務に就くには、こんなスキルや経験が必要」などのキャリアパスを決めてくれました。ですが、フリーランスの場合は、自分自身でキャリアプランを考えることが必要です。

キャリアプランとは、この先、どんなキャリアを積み上げていきたいかという具体的な計画や見通しのことを言います。「将来はこんな働き方をしたい」、「こんなことを実現したい」といった、自分の理想の姿や将来像を実現するための具体的な行動計画ということもできるでしょう。しかも、いまは「人生１００年」の長寿時代です。また、定年がないフリーランスは、自分が働きたい間は働き続けることが可能です。そう考えると、キャリアプランも5年後、10年後だけでなく、20年後、25年後を見据えた、中長期の見通しと行動計画を考えることが重要になります。左ページを参考に、あなたのプランを考えてみましょう。

POINT!

- 自分でキャリアプランを考える
- 将来像を実現する具体的な行動計画を立てる
- 「人生100年時代」は中長期のプランが必要

中長期のキャリアプラン

これまでの経験やスキルをもとに、あなたの将来像を描いてみましょう

	どうなっていたいか（できるだけ具体的に）	そのための行動
5年後	例：定期的な業務依頼のある得意先を5件以上持つ	例：営業活動に力を入れる、勉強会などで人脈を広げる
10年後	例：業務の幅を拡大し、好不況に関わりなく収入を得られるようにする	例：新たな資格、スキルを獲得する
15年後	例：フリーランスの経験を活かし、組織に入り、給与収入を得る（フリーランスを副業にする）	例：専門性の高い人材として雇用されるための就職活動を行う
20年後	例：組織を退社し、隣接する業務のフリーランスと共同で仕事を受ける体制を作り、大きなプロジェクトを受注する	例：営業、ビジネスコンサルタント、デジタルマーケティングプロフェッショナルなどの人脈を広げる
25年後	例：従業員を雇用して、事業を拡大。後進を育成する	例：本業に関心を持つ、若手人材との交流機会を増やし、人材を獲得する

目標地点に達しているかチェック

計画は定期的に評価し
見直すことも大切です

PLAN（計画）▶ DO（実行）▶ CHECK（チェック）▶ ACTION（修正）

#6
ライフ&
キャリアプラン

フリーランスで働くライフ&キャリアプラン

いまさら聞けない……ライフプランって何？ どうして必要？

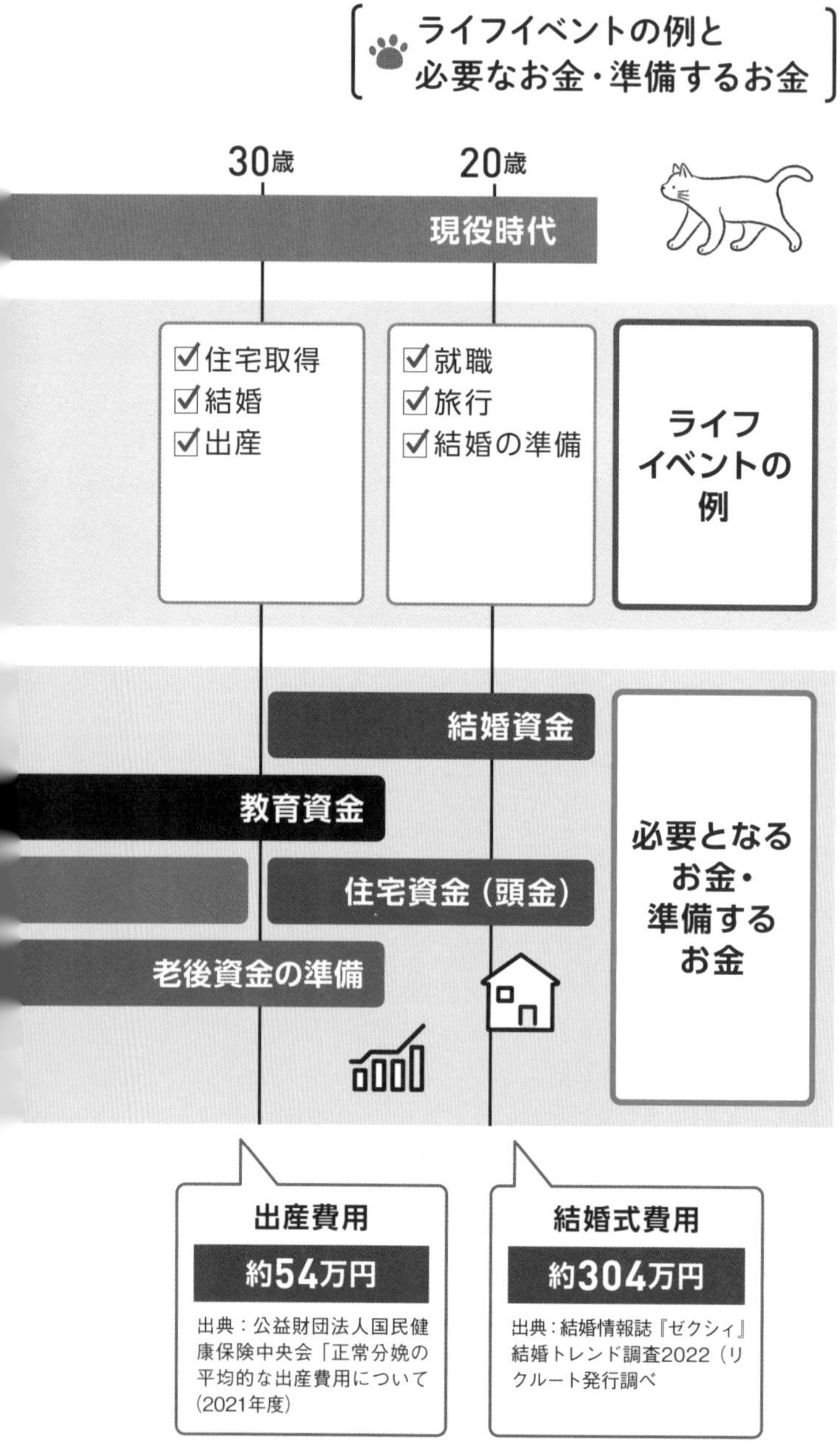

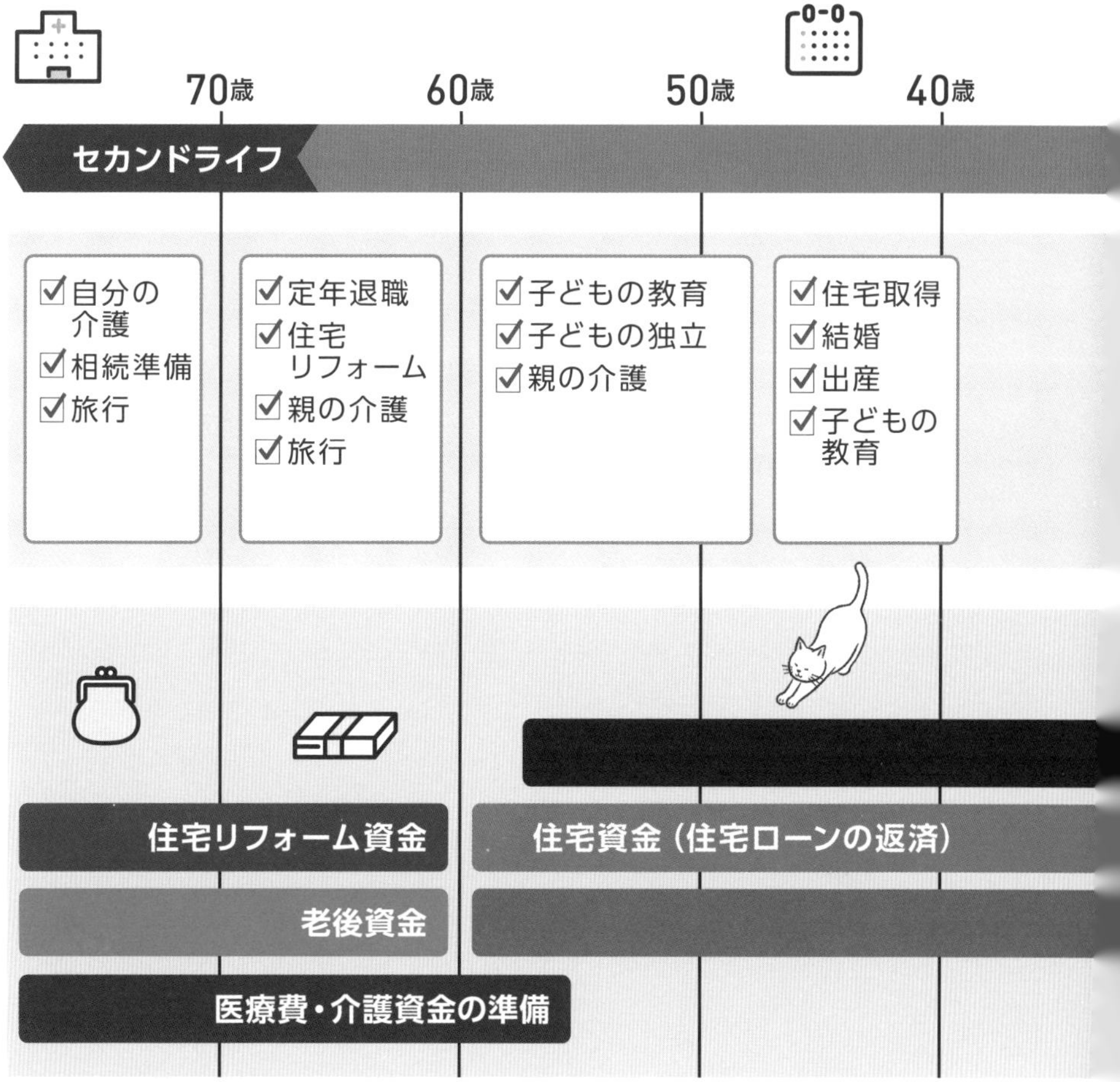

老後の生活費

約9000万円

夫婦2人が60～85歳の25年間、月30万円で生活した場合。ここから公的年金などの収入を差し引いた金額を準備する

教育費

約1030万円

幼稚園から大学までの子ども1人あたりの費用、私立幼稚園・大学私立文系の場合

注文住宅

約4456万円

出典：住宅金融支援機構2021年度フラット35利用者調査報告より建設費（購入価格）を抜粋

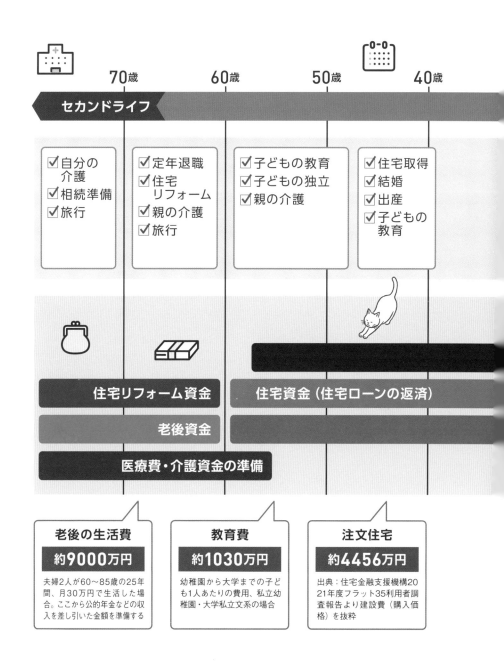

✓キャリアプランを立てると「いますべきこと」が見える

キャリアプランとは「将来はこんな働き方をしたい」、「こんなことを実現したい」といった、自分の理想の姿や将来像を実現するための具体的な行動計画です。ちなみに、自分の理想の姿や将来像のことを「キャリアビジョン」と言います。

人生１００年時代のいまは、フリーランスはもちろん、会社などの組織で働く人たちも、世の中の変化に対応できるよう、自分の仕事や人生の理想の姿を描いて、それを実現するための中長期の具体的な行動計画を立てることが求められています。そして、計画を実現するために、「いつまでに、何をすればいいか」という目標を立てることが必要です。具体的な目標を立てることで、それを実現するために、「いまの自分には何が欠けているのか（必要なのか）」、「どんなスキルや能力を身につければいいのか」などが、はっきりと見えてくるからです。

✓キャリアプランとライフプランは切り離せない

キャリアプランを立てる時には、結婚や出産、育児、住宅購入、子どもの教育、子どもの独立、老後生活の準備など、人生で起こりうるさまざまな「ライフイベント」を考えることも大切になります。なぜなら、人生は仕事だけで成り立っているわけではないからです。キャリアビジョンには、「何歳頃までに結婚して、子どもを持ちたい」とか、「いつ頃までに、どんな家を購入したい」、「仕事から引退したら、どこで、どんな生活を送りたい」といったプライベートの将来像も含まれるでしょう。

そのためにも、キャリアプランと並行して、「ライフプラン」を考えることが必要になります。ライフプランは、いってみれば人生の計画図です。ライフプランを作るには、これからの人生で、いつ、どんなライフイベントが起こりそうなのかを予想します。そして、そのためにはどんな費用がいくら必要になりそうなのかを考えることによって、行動面とお金の面で「どんな準備をすればいいか」を具体的にすることができます。

キャリアプランを自分で作ることが不可欠なフリーランスは、ライフプランを立てることもマストだと肝に銘じてください。

POINT!

キャリアプランとライフプランは切っても切り離せない

独立する前にライフプランも立てよう

フリーランスのキャリアプラン、ライフプランの「やること」リスト

20歳 ― リサーチ・準備の期間 ― 40歳 ― 助走・独立の期間

キャリアプラン

リサーチ・準備の期間（20歳〜40歳）

- ☑ ビジネススキルの取得
- ☑ キャリアアップにつながる勉強の開始

助走・独立の期間（40歳〜）

- ☑ ビジネススキルの向上
- ☑ 副業などでできることをやってみる
- ☑ 学び直し

ライフプラン

- ☑ 就職
- ☑ 結婚
- ☑ 子どもの誕生、教育など
- ☑ 住宅購入など（退職前にローンを組む）
- ☑ 住宅ローンの返済

マネープラン

- ☑ 家計管理を徹底
- ☑ 社会保険や税金、資産運用などの知識取得
- ☑ 資産運用スタート（積立投資を始める）
- ☑ 老後資金の準備

ポイント

- ☑ iDeCoに加入
- ☑ NISAで積立投資

会社を辞める前に
・資産を確認し、借金を整理する
・事業用とプラベート用のクレジットカードを作る

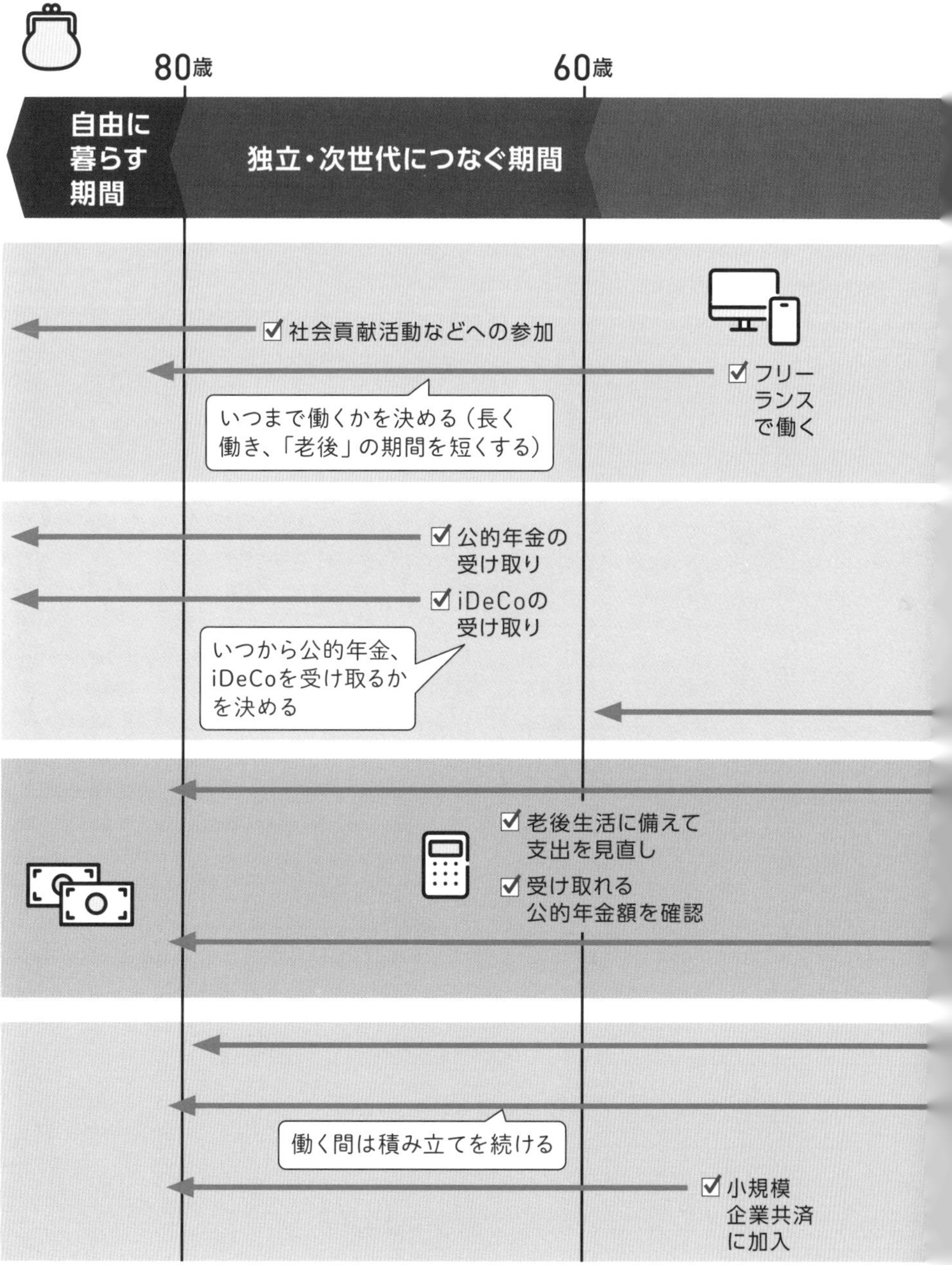
80歳
60歳
自由に暮らす期間
独立・次世代につなぐ期間
社会貢献活動などへの参加
フリーランスで働く
いつまで働くかを決める（長く働き、「老後」の期間を短くする）
公的年金の受け取り
iDeCoの受け取り
いつから公的年金、iDeCoを受け取るかを決める
老後生活に備えて支出を見直し
受け取れる公的年金額を確認
働く間は積み立てを続ける
小規模企業共済に加入

#7
リスク

フリーランスはリスク管理が大切

フリーランスになると起こりうるリスクとは？

✓リスクを知り、どんな対策があるかを把握しよう

フリーランスとして独立する前には、フリーランスになったことで起こりうる仕事面・生活面でのリスクについて知り、対策を立てることが大切です。

立場が弱いフリーランスの場合、報酬の未払いや支払いの遅れなど「収入に関するリスク」があります。収入を得られないことは死活問題につながります。困った場合には、「フリーランス・トラブル１１０番」に相談できることを覚えておきましょう。また、社会的信用が低くなるため、住宅ローンやクレジットカード、賃貸物件の審査に通りにくいことも……。会社員の間に用意しておきましょう。

働けないときの保障がなく、セーフティネットも手薄です。対策としては、公的な保障制度を理解してしっかり利用することが考えられます。老後の生活を支える公的年金が国民年金だけになり、将来受け取れる年金額も会社員に比べて少なめです。ｉＤｅＣｏや小規模企業共済に加入して老後に備えることも重要です。

POINT!

- 仕事面・生活面で起きうるリスクを知る
- クレジットカードやローンは会社員時代に
- iDeCoや小規模企業共済で老後に備える

フリーランスの4大リスク

収入に関するリスク

- クライアント先が倒産し、報酬が支払われない
- 報酬の未払い（支払いを忘れた、意図的な不払いなど）
- 報酬支払い時期について確認不足（製品のリリース後か、納品後かなど）
- 立て替えた経費の精算時期の確認不足（発生時か、リリース後かなど）

↓

必要に応じて弁護士に相談できる「フリーランス・トラブル110番」などを利用

社会的信用が低くなる

- クレジットカードは作れる銘柄が限られる
- 住宅ローンの審査を通りにくい
- 賃貸物件の審査に通りにくい

↓

会社員の間にクレジットカード、住宅ローン、賃貸物件を用意

働けないときの保障がない

- 病気で仕事を休むと収入がゼロになる
- 体力が衰え、仕事量が減ると収入も減る可能性が高い

↓

公的な保障を理解し、労災保険の加入などを活用する（加入には条件がある）

セーフティネットが手薄

- 自宅を仕事場にしているため、内勤扱いになり、保育園の審査が通りにくい
- 加入できる公的年金が国民年金のみで、老後資金準備が不安

↓

保育実績（ベビーシッターや一時保育サービスの利用）と就労実績を作る

iDeCoや小規模企業共済で老後に備える

フリーランスはリスク管理が大切

フリーランスが加入できる社会保険とは？

✓フリーランスになると社会保険が手薄になる

会社員や公務員と、フリーランスとでは、加入できる社会保険の保障内容が異なります。42ページのフリーランスのリスクでも紹介した、働けないときの保障がなく、セーフティネットが手薄になるのは、このためです。

会社員時代は、労災保険で仕事中や通勤中のけがや病気に備えられましたが、フリーランスは加入できません（一部、任意に加入できる「特別加入」という仕組みがあります）。雇用保険もないので、失業しても手当も支援も受けられません。

会社員時代に加入していた職場の健康保険は、保険料を会社と折半しますが、フリーランスになり、国民健康保険もしくは国民健康保険組合に加入した場合、保険料は全額自己負担です。老後の生活を支える公的年金についても、会社員は厚生年金に加入（国民年金にも加入）し、保険料は会社と折半なのに対し、フリーランスが加入できるのは国民年金のみ。保険料も全額自己負担です。

POINT!

- フリーランスの社会保険は手薄
- 労災保険や雇用保険には加入できない
- 健康保険や年金の保険料が全額自己負担

フリーランスと会社員の社会保険制度の違い

		健康保険	年金保険	労災保険	雇用保険
	内容	業務外で病気や怪我をしたときや、働けないときに給付金が貰える	年金の形で老後、障害、遺族になったときに貰える	労働中や通勤時のけがや病気に対して給付金が貰える	失業した場合に、失業手当や支援が貰える
会社員	加入	○ 職場の健康保険に加入	○ 厚生年金に加入（国民年金にも加入）	○	○
会社員	保険料負担	会社と折半	会社と折半	全額会社負担	会社と折半
フリーランス	加入	○ 国民健康保険（国保）もしくは国民健康保険組合（国保組合）に加入	○ 国民年金に加入	× ※一部の職種では労災保険の「特別加入」ができる	×
フリーランス	保険料負担	全額自己負担	全額自己負担	——	——

フリーランスの社会保険については
第4章、備え方は第5章で紹介します

#9
リスクに備える

フリーランスはリスク管理が大切

専門スキル×複数社でリスクを減らす

✓ 高い専門スキルで市場価値と仕事の安定性をアップ

フリーランスとして働くうえでの大きなリスクに、仕事と収入が不安定なことがあります。このリスクを減らす方法としては、希少性の高い専門スキルを身に付けること、そして複数の会社と取引することが考えられます。誰にでもできる仕事なら、あなたの代わりにやる人がいくらでも見つかるでしょう。あなたより安い価格で引き受ける人もいるかもしれません。ですが、「あなたにしかできない」仕事だったなら、あなたに頼むしかありません。また、複数の会社と取引していれば、A社から仕事をもらえなくても、B社からもらえるかもしれません。

長く安定的に働くには、希少性の高い専門スキルを持ち、複数社と取引することが不可欠といえるでしょう。これに対し、専門スキルが低く、1社のみと取引している場合には、その仕事の需要がなくなったり、取引先企業の経営環境の変化などによって、仕事を失うリスクが高いことを頭に入れておきましょう。

POINT!

高い専門性と複数社取引でリスクを軽減

専門スキルが低く、取引先が1社のみの場合、
仕事を失うリスクが高い

専門スキルと複数社との取引で収入と仕事が減るリスクに備えよう

長く、安定的に働くにはここを目指したい

縦軸：希少性の高い専門スキル（高↑／↓低）
横軸：1社依存度（高：1社のみと取引 ←→ 低：複数社と取引）

2番目に仕事・収入の減少リスクが低い

専門スキル 高 × 1社依存度 高

【働き方の例】
会社員時代に取得した高度なスキルや人脈をもとに、特定の企業で専門性の高い業務を請け負う

仕事・収入の減少リスクが最も低い

専門スキル 高 × 1社依存度 低

【働き方の例】
希少性の高い専門スキルと人脈を活用して、複数の企業から、社内の人材にはできない業務を請け負う

仕事・収入の減少リスクが最も高い

専門スキル 低 × 1社依存度 高

【働き方の例】
特定の企業から専門性の高くない業務を請け負う

2番目に仕事・収入の減少リスクが高い

専門スキル 低 × 1社依存度 低

【働き方の例】
さまざまな企業から、専門性の高くない、単発の業務を請け負う

世の中の変化が激しい時代は「希少性の高い専門スキル」も変化しがちです。スキルアップの努力も欠かせません

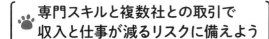

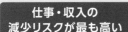

#10

スキルアップ

フリーランスは「学び」が不可欠

おトクに学べる講座や、無料の起業支援・相談を活用

✓無料で起業や経営の相談ができる

フリーランスとして長く安定的に働くには、高い専門スキルを身に付けることはもちろんのこと、事業計画の立案や資金調達、税務・経理業務など経営に欠かせない実践的な知識やスキルを身に付けることも大切です。ただし、多くの場合、それなりのお金もかかります。

そこで考えたいのが、①会社員時代に、受講費用の一部が支給される「教育訓練給付制度」を利用して専門スキルを身につけること（50～55ページ参照）や、②公的機関などの起業支援事業、③公的機関や商工会議所などの起業した人への経営支援・経営相談プログラムなどを活用することです。

左ページでは、②と③の例を紹介しています。例えば、中小機構では起業予定者への無料相談などの支援を提供していますし、都道府県や各地の商工会議所でも創業支援を行う「認定創業スクール」などの事業を行っています。

POINT!

独立前に「教育訓練給付」講座を受講する

中小機構の「スタートアップ挑戦支援事業」を活用

「認定創業スクール」で独立を準備

公的機関の起業支援、経営相談の例

起業予定の人を支援

中小機構「スタートアップ挑戦支援事業」

・経験豊富な専門家が起業予定者の相談に何度でも無料で対応

・戦略立案や事業計画、資金調達など幅広い相談が可能

・Web会議システムで全国どこからでも相談できる

起業した人の経営を支援

中小機構「アクセラレーション（FASTAR）」

・企業の成長ステージに合わせた幅広い支援メニューを提供

・専門家（専任パートナー）による約1年間の伴走支援型メンタリングで、事業計画をブラッシュアップし、VC（ベンチャー・キャピタル）からの資金調達や大企業との事業提携に向けたマッチングを促進

よろず支援拠点

・国が全国に設置した無料の経営相談所。47都道府県にある

・相談内容に適した専門家を紹介してもらえる

・何度でも相談でき、課題解決策提案後もフォローアップ

経営支援、ビジネス講座の開催

全国商工会連合会・日本商工会議所

・中小・小規模事業者の経営相談、税務・経理業務の相談、販路拡大、資金繰りなどの相談に対応

・商工会は町村区域、商工会議所は特別区や市に設置される

・入会金や会費がかかる

・経営に必要な実践的スキルや知識を学べる講座、セミナーを開催（有料）

> 例：東京商工会議所主催研修講座「東商ビジネススクール研修講座」
> 年間約300の講座を開催

#11
教育訓練
給付制度

フリーランスは「学び」が不可欠

教育訓練給付制度って何？

✓会社員時に「教育訓練給付制度」を利用しよう

「教育訓練給付制度」とは、厚生労働大臣が指定する教育訓練の講座を修了した場合、受講費用の一部が支給される制度です。例えば、中長期的なキャリア形成に役立つ教育訓練である「専門実践教育訓練」を受講する場合、受講費用の50％（年間上限40万円）が訓練の受講中、6カ月ごとに支給されます。求職中の場合には、資格などを取得し、かつ訓練修了後1年以内に雇用保険の被保険者として雇用されると、受講費用の20％（年間上限16万円）が追加でもらえます。

求職者の早期再就職やキャリア形成に役立つ「特定一般教育訓練」の場合は、受講費用の40％（上限20万円）が訓練修了後に支給されます。働く人の主体的な能力開発の取り組みを支援する「一般教育訓練」の場合には、受講費用の20％（上限10万円）が訓練修了後に支給されます。いずれも受講には、条件があります。51ページを参考に、自分が利用できるのであれば積極的に活用しましょう。

POINT!

- 受講費用の一部が支給される制度がある
- おトクにスキルアップができる
- 教育訓練給付を受けるには条件がある

専門実践教育訓練の講座例

1	業務独占資格または名称独占資格の取得を目標とする養成課程 介護福祉士、看護師、美容師、社会福祉士、保育士、歯科衛生士など	1737講座
2	専門学校の職業実践専門課程及びキャリア形成促進プログラム 商業実務、衛生関係、工業関係など	669講座
3	専門職学位課程 ビジネス・MOT、法科大学院、教職大学院など	94講座
4	大学等の職業実践力育成プログラム 特別の課程（保健）、正規課程（保健）など	198講座
5	一定レベル以上の情報通信技術に関する資格取得を目標とする課程 シスコ技術者認定CCNPなど	3講座
6	第四次産業革命スキル習得講座 AI、データサイエンス、セキュリティなど	129講座
7	専門職大学等の課程	1講座

特定一般教育訓練の講座例

1	業務独占資格、名称独占資格若しくは必置資格の取得を目標とする養成課程又はこれらの資格の取得を目標とする課程 介護職員初任者研修、大型自動車第一種免許、特定行為研修など	519講座
2	一定レベル以上の情報通信技術に関する資格取得を目標とする課程 基本情報技術者試験など	10講座
3	短時間の職業実践力育成プログラム及びキャリア形成促進プログラム 特別の課程（保健）、特別の課程（社会科学・社会）など	43講座

出所：厚生労働省「専門実践教育訓練の指定講座を公表しました（令和5年10月1日付け指定）」

フリーランスは「学び」が不可欠

給付を受けられる教育訓練の制度

給付を受けられる教育訓練の種類と対象講座

会社員時代に活用したい！

専門実践教育訓練

給付率 **最大で受講費用の70%**
［年間上限56万円・最長4年］を受講者に支給

対象、条件など

中長期的キャリア形成に役立つ教育訓練が対象

- 受講費用の50%（年間上限40万円）を訓練受講中6カ月ごとに支給される
- 資格取得等をし、かつ訓練修了後1年以内に雇用保険被保険者として就職した場合は、受講費用の20%（年間上限16万円）を追加で支給される
- 一定の要件を満たすと、別途、教育訓練支援給付金が支給される

対象講座の例

業務独占資格などの取得を目標とする講座

- 介護福祉士、社会福祉士、看護師、美容師、歯科衛生士、 保育士、調理師 など

デジタル関係の講座

- ITSSレベル3以上のIT関係資格取得講座
- 第四次産業革命スキル習得講座（経済産業大臣認定）

大学院・大学などの課程

- 専門職大学院の課程（MBA、法科大学院、教職大学院 など）
- 職業実践力育成プログラム（文部科学大臣認定） など

専門学校の課程

- 職業実践専門課程（文部科学大臣認定）
- キャリア形成促進プログラム（文部科学大臣認定）

特定一般教育訓練

給付率 **受講費用の40%**
（上限20万円）を訓練修了後に支給

対象、条件など

速やかな再就職や早期のキャリア形成に役立つ教育訓練が対象

対象講座の例

業務独占資格などの取得を目標とする講座

・介護職員初任者研修、大型自動車第一種・第二種免許、特定行為研修 など

デジタル関係の講座

・ITSSレベル2以上のIT関係資格取得講座 など

一般教育訓練

給付率 **受講費用の20%**
（上限10万円）を訓練修了後に支給

対象、条件など

職業能力アップを支援する教育訓練として、厚生労働大臣が指定した講座対象

対象講座の例

資格の取得を目標とする講座

輸送・機械運転関係（大型自動車、建設機械運転等）、介護福祉士実務者養成研修、介護職員初任者研修、税理士、社会保険労務士、Webクリエイター、CAD利用技術者試験、TOEIC、簿記検定、宅地建物取引士 など

大学院などの課程

・修士・博士の学位などの取得を目標とする課程

出所：厚生労働省「教育訓練給付制度」

教育訓練給付を受けられる会社員時代に
スキルアップしておきましょう

フリーランスは「学び」が不可欠

給付金の手続き方法

教育訓練給付を受けるには条件がある

・教育訓練給付を受けるには、雇用保険の加入期間などの条件がある
・パート・アルバイトや派遣労働者も対象

受講開始日時点で、在職中で雇用保険に加入している

- はい → 今までに教育訓練給付を受けたことがない
- いいえ → 離職してから1年以内である

離職してから1年以内である
妊娠、出産、育児、疾病、負傷などの理由により
適用対象期間の延長を行った場合は最大20年以内

- はい → 今までに教育訓練給付を受けたことがない
- いいえ → その他の支援策として、主に離職中の方を対象とした求職者支援訓練などがあります

※求職者支援訓練は、離職してから1年以内で、教育訓練給付の受給に必要な雇用保険の加入期間が不足している方も対象です。詳しくはハローワークに相談してください

今までに教育訓練給付を受けたことがない

- はい → 雇用保険の加入期間が1年以上ある
- いいえ → 前回の受講開始日以降、雇用保険の加入期間が3年以上ある

雇用保険の加入期間が1年以上ある
専門実践教育訓練を受講する場合は2年以上

- はい → 教育訓練給付が受けられます
- いいえ → 必要な雇用保険の加入期間を過ぎると教育訓練給付が受けられます

前回の受講開始日以降、雇用保険の加入期間が3年以上ある

- はい → 教育訓練給付が受けられます
- いいえ → 必要な雇用保険の加入期間を過ぎると教育訓練給付が受けられます

教育訓練給付が受けられます

教育訓練給付が受けられます
※ただし、平成26年10月1日以降に教育訓練給付の支給を受けている場合、前回の支給日から今回の支給開始までに3年以上経過している必要があります

必要な雇用保険の加入期間を過ぎると教育訓練給付が受けられます

利用できるのは雇用保険に加入している人や離職してから受講日までが1年以内の人です

出所：厚生労働省「教育訓練給付制度」

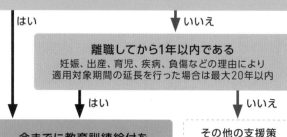

給付の手続き

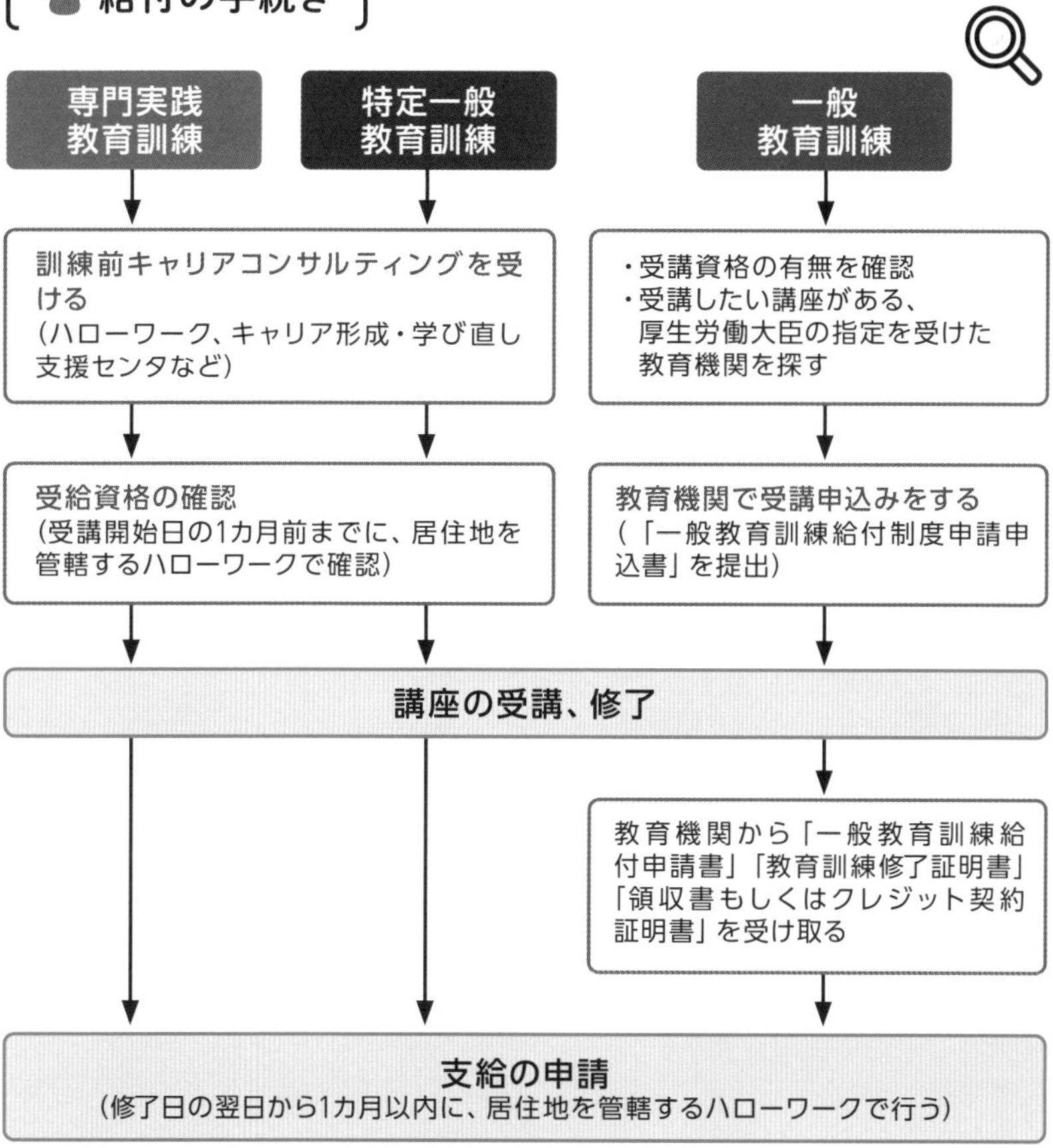

専門実践

訓練前キャリアコンサルティングを受ける
(ハローワーク、キャリア形成・学び直し支援センタなど)
・受講資格の有無を確認
・受講したい講座がある、厚生労働大臣の指定を受けた教育機関を探す
受給資格の確認
(受講開始日の1カ月前までに、居住地を管轄するハローワークで確認)
教育機関で受講申込みをする
(「一般教育訓練給付制度申請申込書」を提出)
講座の受講、修了
教育機関から「一般教育訓練給付申請書」「教育訓練修了証明書」「領収書もしくはクレジット契約証明書」を受け取る
支給の申請
(修了日の翌日から1カ月以内に、居住地を管轄するハローワークで行う)

受講修了から1カ月以内に手続きを

「教育訓練給付制度」を利用して、費用の一部を支給してもらうには、自分で手続きを行う必要があります。手続きは、受講する訓練の種類によって、手順や提出する書類が異なるうえ、受講修了の翌日から1カ月以内に支給申請しないと給付金は支給されません。

特定一般

一般

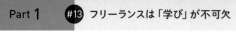

Column

計画だけでは進まない！「5秒ルール」で着実に

「5、4、3、2、1、GO!」で行動に移す

会社員時代はチームで仕事をすることが多く、オフィスでは周囲に仲間がいます。やる気がないときでも、他のメンバーが張り切って働いていたら、「よしっ、がんばろう」とやる気を振るい立たされるでしょう。ですが、自宅兼事務所で、自分１人で仕事を進めるフリーランスの場合には、やる気が起こらないとぼんやりしてしまうこともあるでしょう。そんな時には「５秒ルール」を実践してみましょう。これは、米国のテレビ司会者で作家のメル・ロビンズさんが編み出した、やる気をアップさせる方法です。

５秒ルールは、とてもシンプルで、やるべきことが頭に浮かんだら、「5、4、3、2、1、GO!」と唱えて、行動に移します。

ロビンズさんは、弁護士として活躍していたものの、転職で失敗するなどの辛い経験をし、うつ病やアルコール依存症で苦しんでいたそうです。そんな時に、テレビでロケットの発射を目にして、「5秒ルール」を思いつき、実践したことで人生が劇的に変わったそうです。やる気が起きない時に、ぜひ試してみてください。

米国のテレビ司会者、メル・ロビンス氏が提唱する 5秒ルール とは

やるべきことが頭に浮かんだら「5・4・3・2・1・GO!」で行動に移す

モチベーションアップの方法

営業のメールを出すのがおっくうだな…
やるべきことがあるのにやる気が起きない
5・4・3・2・1・GO! でメールを書き始める
5・4・3・2・1・GO! で始める

Part 2

フリーランスで働く"コツ"と"キモ"

#1
タイム
マネジメント

無理なく続けるコツとは？

生産性を上げる時間配分のコツ

✓ 業務を可視化して、優先順位を付け、目標を設定する

フリーランスという働き方には、自分の好きなスタイルで働けるメリットがあります。働く場所や時間も自由に決めることができます。ただし、仕事を進めるうえでの時間配分を意識しないと、毎日休みもなく、1日20時間前後も働き続ける……といったことが起きないとも限りません。時間の使い方を工夫して、生産性を向上させる「タイムマネジメント」の考え方が不可欠です。

タイムマネジメントのコツは、業務を可視化して、優先順位を付け、「いつまでに」「どのレベルで」終わらせるのかという目標設定をすることにあります（左ページ上図）。優先順位を付けるときには、緊急性と重要度から仕事を4つに分けて（左ページ下図）、「最優先する」、「優先する」の順番に行います。「任せる」は適任者に依頼し、「削除する」にあたる仕事は、時間を極力かけないようにします。これを行うことで、仕事の生産性は各段に向上するはずです。

POINT!

- フリーランスこそタイムマネジメントが大切
- 業務を可視化して優先順位を付ける
- 重要度と緊急性の低い仕事は時間を省く

タイムマネジメントのコツ

1 業務を可視化する

普段取り組んでいる業務を洗い出し、見える化する

2 優先順位を付ける

優先順位をつけ、順位の高い仕事からする（下図参照）

3 目標を設定する

「いつまでに」「どのレベルで」を決める

4 振り返り

計画通り進んでいるか、時間配分は最適かを確認し、必要に応じて軌道修正する

5 「まとめて処理」の時間を設ける

優先度の低い仕事を処理する時間を設ける

6 人に任せる

他人の力を活用して、自分がやる必要のない仕事、自分ではできない仕事をこなす

優先順位のつけかた

最優先する→優先するの順番に行う

重要

最優先する

すぐに対処すべき期限が迫っている重要な仕事

優先する

長期目標の達成には重要だけれど、期限は迫っていない仕事

緊急

緊急ではない

任せる

すぐ対応する必要はあるものの、重要ではない仕事

削除する

緊急性も重要性もなく、後回しや削除できる仕事

重要ではない

「任せる」は適任者に依頼する

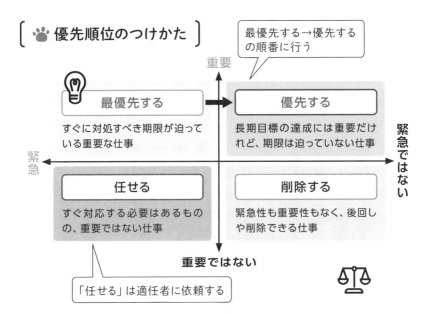

無理なく続けるコツとは？
新規の仕事を得る方法

✓ 新規の仕事を得るための営業が不可欠

フリーランスの場合には、経理や総務に加えて営業も自分ですることになります。特に、独立したばかりの時には、新規の仕事を取れるかどうかが死活問題です。フリーランスにとって営業活動は非常に大切です。

では、新規の仕事を得るには、どのような方法があるのでしょうか。「フリーランス白書 2023」（一般社団法人プロフェッショナル＆パラレルキャリア・フリーランス協会）によると、「直近1年間で仕事獲得に繋がったことのあるもの（複数回答）」として、「人脈（知人の紹介を含む）」が70・6％、「過去・現在の取引先」を64・7％が挙げています。ここから、既存の顧客からの紹介や友人、フリーランス仲間に紹介してもらうことが重要だと考えられます。もちろん、以前（現在）の勤務先も重要な顧客になりえるでしょう。フェイスブックやインスタグラム、X（旧ツイッター）などのSNSを活用して、定期的に実績や活動報告を発信する方法も有効です。

POINT!

フリーランスには営業が大切

既存の顧客や友人などに紹介してもらう方法も

以前（現在）の勤務先も有力な顧客

新規の仕事を得るためには？

- ☑ 既存の顧客から紹介してもらう
- ☑ 友人（フリーランス仲間を除く）に紹介してもらう
- ☑ フリーランス仲間に紹介してもらう
- ☑ 以前の勤め先から仕事をもらう
- ☑ クラウドソーシングを利用する
- ☑ SNSやブログで宣伝する
- ☑ フリーランス向けのエージェントを利用する
- ☑ 電話やメールで営業する
- ☑ フリーランスのコミュニティに参加する

仕事を得るためには、人脈が大切です。
SNSやブログでの宣伝やフリーランスコミュニティへの
参加も営業や人脈づくりの有望な手段と言えるでしょう

#3
マーケティング活動

開業前にすること、知っておきたいこと

WebサイトやSNS、イベントを使いこなす

✓ WebサイトやSNSで上手にマーケティングしよう

せっかく独立しても、お客さんがいなければ仕事ができません。開業する前に、マーケティング活動を行うことが必要です。マーケティングとは、簡単に言うと「商品を効率的に売るための仕組みをつくること」になります。市場調査で顧客のニーズを探って、ターゲットを特定し、商品を開発し、商品を知ってもらうためのプロモーションをします。

その時に活用したいのが、仕事内容や作品・商品、自分の強みなどをアピールするWebサイトやブログです。Webサイトは仕事の受注窓口にもなるので、料金プランも載せるといいでしょう。インスタグラムやX（旧ツイッター）などのSNSでの情報発信は、マーケティングにもプロモーションにもつながります。仕事に関連するセミナーなどのイベントに参加することも大切です。知識やスキルを高めることはもちろん、同業や近業の人脈を作りにも役立ちます。

POINT!

- 開業前にはマーケティングが必要
- Webサイトは仕事の受注窓口にもなる
- SNSは市場調査にも役立つ

営業ツールになるWebサイトやブログを立ち上げる

Webサイト、ブログを作るメリット

・仕事内容や得意分野、強みをアピールできる
・プロフィールや実績、作品を知ってもらえる
・仕事の受注窓口になる
・ブログから同業の仲間ができる

POINT!

・Webサイト、ブログは独自ドメインを使う
・プロフィール、作品、サービス内容、料金プラン、Q&A、問い合わせページを作る
・Webサイトやブログは定期的に更新する

SNSで市場調査をし、ファンを獲得する

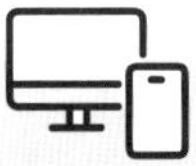

SNS活用のメリット

・SNSでの発信がマーケティングにつながる
・自分のコンテンツにマッチしたSNSがわかる
・SNSを通じてファンを獲得できる

POINT!

・はじめは複数のSNS（Facebook、Instagram、X（旧Twitter）を活用しコンテンツにマッチするものを見つける
・数カ月は毎日投稿する
・反響から需要がある商品、時間帯などを把握する

講座やセミナーなどのイベントで同業、近業の人脈を作る

イベント参加のメリット

・同業や近業、異業種の人とつながる機会になる
・ビジネスに発展する可能性もある
・知識やスキルを高める機会になる

POINT!

・積極的に話しかけて名刺交換し、講師や主催者、参加者に名前を顔を覚えてもらう

#4 業務委託契約

仕事を受ける前に知っておくこと

発注元に確認すべきこと

✓仕事を受ける前に内容や報酬、支払い条件などを確認しよう

多くの場合、フリーランスは取引先と業務委託契約を結んで仕事をします。業務委託という仕事の仕方では、取引先が社内で行う仕事の一部を外部に委託し、仕事を受けたフリーランスは「成果物」や「役務（サービスや労働作業など）」を提供することによって報酬を受け取ることになります。

業務委託では、口約束でも仕事をすることができますが、仕事の内容や報酬、契約期間などで、取引先との間に食い違いが起きて、トラブルになる場合もあります。そうならないよう、業務委託契約を結ぶ前に、仕事の発注元に確認するべきポイントを押さえておきましょう。

確認することと、そのポイントには、65ページの図表のようなことがあります。業務委託の内容や委託料、契約期間、支払い条件・時期などが書かれた契約書（業務委託契約書）を予め発注元に作成してもらうことも大切です。

POINT!

- フリーランスの働き方は業務委託
- 口約束ではトラブルになる場合も
- 契約前に業務内容や報酬などを確認

業務委託契約って何？

フリーランスの働き方は業務委託契約が基本

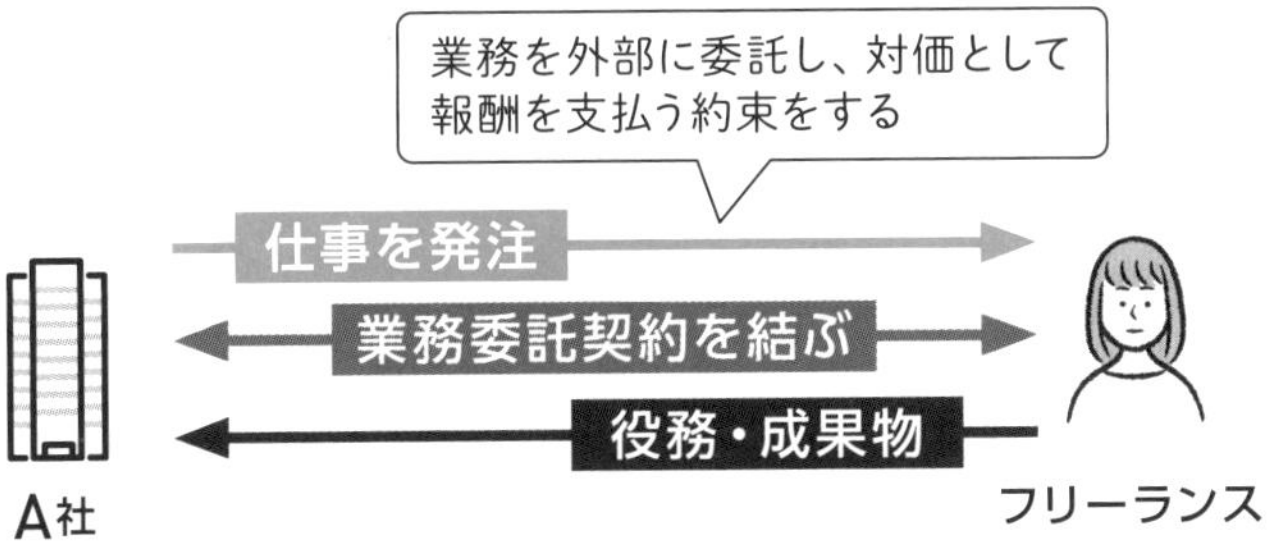

仕事の発注元に確認すること

確認すること	ポイント
委託業務の内容	どのような業務を、どのようなかたちで委託するか(業務の範囲や成果物の内容)
委託料	金額や支払時期、支払方法
契約期間	業務の契約期間はいつまでか
支払い条件、支払い時期	定時払いか成功報酬か、支払時期は当月か翌月か、着手金の有無など
成果物の権利	業務成果物の知的財産権が委託者と受託者のどちらに帰属するか
再委託	受託者自身が業務を行うのか、第三者に委託（再委託）しても構わないか
秘密保持義務の適用期間	外部に漏らしたくない情報の内容と義務の適用期間
反社会勢力の排除	契約のどちらか一方が反社会的勢力に属している場合、契約を解除できる
禁止事項	業務を行う際に禁止する事柄は何か
契約解除	無条件解除ができる期間や条件、一般的な解除条件など
損害賠償	契約解除や契約違反、債務不履行などがあった場合の損害賠償責任や金額
瑕疵担保責任を負う期間	納品後に発覚した瑕疵に無償で対応する責任の範囲や期間

#5
発注元への交渉

仕事を受ける前に知っておくこと

発注元への交渉のコツ

✓適切なタイミングで交渉することも重要

フリーランスは、事業主として取引先企業（発注元）と対等な立場で交渉ができるとされています。言い換えると、取引先との契約内容や交渉次第で、報酬や請け負う仕事の内容が異なる可能性があるのです。

また、フリーランスが一人で請け負える仕事の量には限りがあります。不利な条件で契約をしたなら、仕事の成果と報酬が見合わない状態が続き、事業が立ち行かなくなってしまうでしょう。そうならないためには、業務を受ける前に取引先と交渉し、適切な報酬や条件で仕事を請け負うことが大切です。

左ページでは、フリーランスに起こりがちな問題の例と、解決するための交渉のポイントを紹介しています。なかでも、報酬や納期に関することは、依頼されたときに交渉することが大切です。その内容については、口頭ではなく、メールや書面を通じてやり取りすることも必要でしょう。

POINT!

交渉次第で報酬や業務内容が異なる可能性がある

交渉をうまく進めるにはコツがいる

適切なタイミングで交渉することも重要

発注元の交渉はどうやればいい?

Q1
報酬が相場よりも低い場合は、どう交渉する?

A

予め自分の時給を決めておく

自分の仕事、1時間あたりの価値を把握して「時給」を設定し、適正な報酬を把握しよう。極端に低い金額を提示された場合には、時給を基に適正な金額を提示し、交渉の余地がない場合には仕事を断ることも考えよう。

Q2
先方から報酬をたずねられたらどうする?

A

仕事の内容ごとに値段を決めておく

自分の「時給」を基に、仕事の内容ごとに値段を決めておき、金額を提示しよう。その際、経費も含まれるのか、消費税込みの金額かなども確認したい。また、自分のスキルがアップしたら、時給を上げることも考えよう。
例:講演料:1時間○万円(税別)、資料作成費用:△万円(税別)など

Q3
契約時には入っていなかった仕事を追加されたらどうする?

A

仕事を追加されたら、報酬も追加する

まずは、依頼時の仕事内容を確認し、追加された内容を把握しよう。予め、自分の「時給」を基に、仕事の内容ごとの金額を設定しておけば、追加された業務の報酬を請求しやすくなる。追加された時点で請求するようにしよう。

Q4
依頼される条件が曖昧な場合はどうする?

A

選択できるメニューを提示して、選んでもらう

仕事を依頼されたものの、仕事の内容や範囲、報酬が明確に提示されない場合には、自分から選択できるメニューを提示しよう。講演料:1時間○万円、取材対応:1時間△万円(原稿確認込み)などを提示し、仕事の内容や範囲を明らかにしながら、相手に選んでもらおう。

Q5
支払いが遅延したらどうする?

A

遠慮なく催促する

支払いの遅延は、独占禁止法や下請法に抵触する可能性があります。遠慮なく催促しよう。

Q6
過去の依頼時より報酬が下がった場合はどうする?

A

下がった理由を確認しよう

過去に同様の仕事を依頼されたときよりも報酬が下がった場合には、発注元にその理由を確認しよう。納得できない場合には、減額に応じた条件を提示することも必要だ。

#6
トラブルの解決法

仕事を受ける前に知っておくこと

発注先とのトラブルが起こったときの解決法

✓「フリーランス・トラブル１１０番」は無料で相談できる

連合（日本労働組合総連合会）が２０２３年１月に発表した「フリーランスの契約に関する調査２０２３」によると、46・1%が「フリーランスとして仕事上でトラブルを経験したことがある」と回答。内容は、「不当に低い報酬額の決定」が31・０%と最も多くなっています。約２人に１人がトラブルを経験しているのです。

では、発注先とのトラブルが起きたら、どうすればいいのでしょうか。69ページ（下段）では、フリーランスによくあるトラブルの例と解決方法を紹介しています。労働法や契約に関する法律を知らないことや、契約内容をしっかり確認していないために、トラブルが起きていることが少なくないようです。

なお、第二東京弁護士会が、内閣官房や公正取引委員会、厚生労働省、中小企業庁と連携して運営する「フリーランス・トラブル１１０当番」では、契約上や仕事上のトラブルについて無料で相談できます。覚えておくといいでしょう。

POINT!

フリーランスの２人に１人がトラブルを経験

法律の知識や契約内容の確認も必要

トラブルの無料相談窓口がある

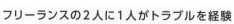

業務委託契約の種類を理解しよう

業務委託契約

請負契約

仕事の完成を約束して、成果物に対して契約時に決めた報酬を払う

委任・準委任契約

業務の遂行を依頼する契約。報酬は、時間や工数を基準する場合と、成果物に払う場合がある

トラブルの例と解決方法

報酬が支払われない

報酬の対象や支払いタイミングは請負契約か準委任契約かでも異なる。

解決方法

トラブルを起こさないためには、契約の種類に応じて、支払い金額や期日、支払い方法、着手金などについて契約時に取り決めをし、契約書に明記しよう。

偽装請負に関するトラブル

業務委託であるにもかかわらず、その会社の労働者と同じように、就業時間が決められている、業務に関する命令を受けるなどの働き方をさせられている場合は、「偽装請負」に該当する可能性がある。

解決方法

早めに専門家に相談しよう。

中途解約の申し入れを断られる

請負契約の場合、基本的に受託者（仕事を受けた人）は中途解約はできない。委任契約は中途解約が可能だが、委託者（企業）が不利な状況で契約を解除すると損害賠償を求められることもある。

解決方法

契約書を作成する際、中途解約が不利に条項を明記することが必要。

再委託に関するトラブル

業務を委託した人が、受託した業務を第三者に委託することを再委託といい、業務の質が保証されない、機密情報漏洩の心配があるなどの理由から、原則禁止されている。

解決方法

無断で再委託する場合もあるので、契約書に再委託禁止と違反した場合の措置を明記しよう。

開業前にすること、知っておきたいこと

マネーの3大リスクに備えよう

✓ ローンやクレジットカードは独立前に準備する

会社員からフリーランスになると、お金に関する環境が大きく変わります。フリーランスならではのマネーの3大リスクを知り、しっかりと備えをしましょう。

1つめは、収入が不安定になることです。備えとしては、生活費を把握し、最も収入が低い月を基準に生活費を決めることが考えられます。仕事と家計のお金があいまいにならないよう、口座を分けることも重要です。2つ目は将来への不安です。フリーランスは会社員に比べて社会保障が薄くなります。日々のお金の出入りだけでなく、資産と負債、純資産の状況を表すバランスシートで財務状況を把握して、家計の安全性をチェックしましょう（72ページ）。iDeCoや小規模企業共済で将来に備えることも重要です。3つ目はローンが組めないこと。収入が不安定なフリーランスは社会的信用が低く、クレジットカードの審査も通りにくい傾向があります。独立前に準備しておきましょう。

POINT!

仕事と家計の口座を分ける

iDeCoなどで将来に備える

ローンやクレジットカードは独立前に手続き

マネーの3大リスク その1

収入が不安定になる
独立から3～5年は収入が不安定になりやすい

対策

収入が最も低い月を基準に生活費を決めよう

・月々の生活費がわからなければ、いくら稼げばいいかもわからない
・病気などで働けなくなるリスクが大きい
・子どもがいる場合は、死亡保障を厚くするなど保険の見直しも
・住宅費、食費、通信費、日用雑貨費を把握し、ムダがないか確認しよう。一番削りやすいのは通信費。プランの見直しをすること

食費
・食材
・外食

通信費
・インターネット
・電話代

住居費
・住宅ローン、家賃
・水道光熱費

日用雑貨
・衣類
・生活用品

仕事と家計の口座を分ける

・仕事の費用と家計の支出があいまいにならないよう、口座を分ける
・確定申告の時期に備えて、仕事用口座や家庭用口座とは別に納税資金を準備する口座も用意しよう

仕事用口座
・収入
・経費

家計用口座
・生活費　・住宅ローン
・貯蓄、投資

マネーの3大リスク その2

将来が心配
会社員時代に比べて社会保障が薄く、将来に不安が

対策

「純資産」で家計の安全性を確認

・日々のお金の出入りをチェックする家計簿では、家計状況を正確に把握することは難しい。家計の安全性を確認するには、資産と負債、純資産の状況を表す「バランスシート（貸借対照表）」で家計全体の財務状況を確認しよう

資産
・現金・預金
・不動産
・有価証券
・保険、年金

将来、現金化できる資産

－

負債
・住宅ローン
・自動車ローン
・カードローン

将来、返済する必要のあるお金
（マイナスの資産）

＝

純資産
手元に残るお金
（返済する必要のないお金）

iDeCoや、小規模企業共済で備えよう

・iDeCoで早くから年金資金を積み立てる
・小規模企業共済で退職金を積み立てる

iDeCo （P194）
・60歳になるまで加入できる
・掛金が全額所得控除
・運用益が非課税

＋

小規模企業共済 （P202）
・年齢制限なし
・掛金が全額所得控除の対象

＝ **老後2000万円問題もクリア！**

マネーの3大リスク その3

ローンが組めない

・収入が不安定なため住宅ローンの審査が厳しくなる傾向がある
・2〜3年分の確定申告書の提出を求められることも多い

対策

独立前に準備をしておこう

・独立後2〜3年は住宅ローンの申請も難しいと考えよう
・住宅購入の予定があるなら、会社員時代にローンを組もう
・クレジットカードも審査が通りやすい会社員時代に用意しよう
※独立後に登録情報の変更告知が必要な場合もあるので、予め規約を確認しておこう

どんなときでも食べていけるようにするには？

収入が不安定になりやすいフリーランスだからこそ、どんなときでも食べていけるようにする工夫も大切。例えば、好況・不況それぞれに需要のある分野の強みを持つことや、夫婦で異なる働き方をすること、分野の異なる複数の仕事をすることなどが考えられる。

#8 開業費用

開業前にすること、知っておきたいこと

開業に必要なお金とは？

開業資金や運転資金、当面の生活費を用意しよう

事業を始めるには、どんなお金が、どのくらい必要なのでしょうか。日本政策金融公庫総合研究所の「２０２２年度新規開業実態調査」によると、開業費用の中央値（データを大きさの順に並べた時の中央の値）は５５０万円、平均値（データの合計を個数で割った値）は１０７７万円となっています（下図）。業種などでも異なりますが、開業までには５００万円前後のお金が必要と言えそうです。また、開業には開業資金や運転資金のほか、事業が波に乗るまでの生活を支えられるよう、まずは１年分の生活費を用意することも必要です。

開業日までの準備活動に使ったお金は、「開業費」と呼ばれ、会計上、経費（事業活動に必要な費用）ではなく、「繰延資産」という「資産」になります。そして、毎年少しずつ「経費」として計上する「償却」ができるため、節税につながるメリットがあります。ただし、開業費にできないものもあるので注意が必要です。

開業費用はどのくらいかかる？

中央値 550万円
平均値 1077万円

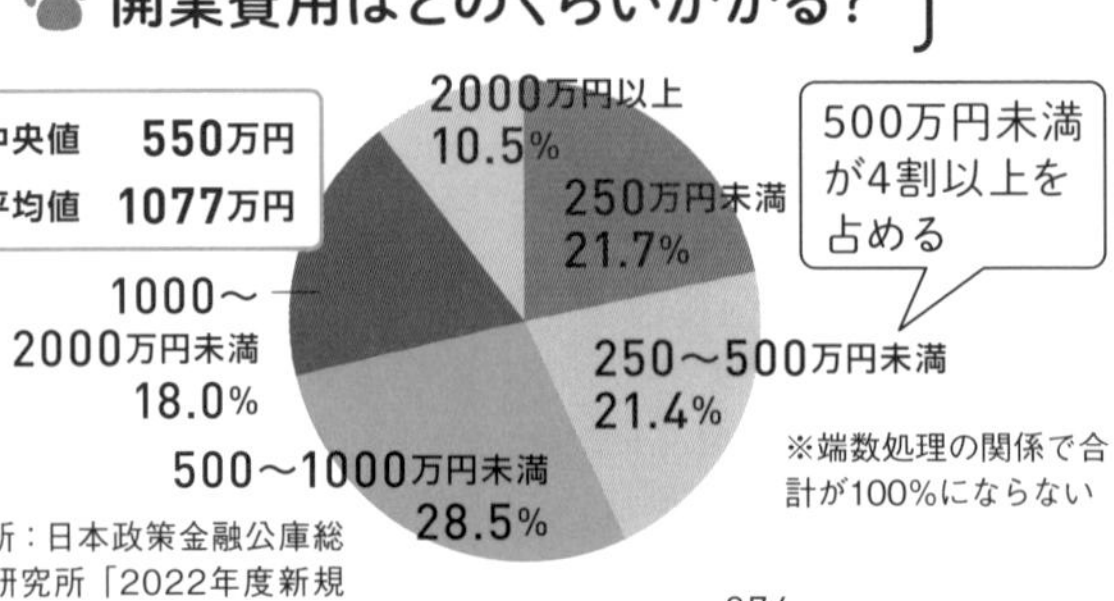

※端数処理の関係で合計が100%にならない

出所：日本政策金融公庫総合研究所「2022年度新規開業実態調査」

開業に必要なお金

開業資金

・「設備資金」：事業に必要な機械・備品の導入費用など
・「諸費用」：取引に必要な保証金や設立登記などに必要な資金

運転資金

・事業を続けるために必要なお金
・商品の仕入れ代金や通信費、交通費、光熱費、家賃などが該当する

当面の生活費

・会社の支出と個人の支出をしっかり分ける
・住宅ローンや教育費用など、日々の生活費を事前に見積もり、1年分程度を準備しておく
・「事業で得る個人としての収入」と 「必要な生活費」のそれぞれの見込みを立てる

開業費として認められるお金と認められないお金の例（個人の場合）

認められるお金の例

・開業のためのセミナーへの参加費用
・調査のための旅費、ガソリン代
・通信費用
・打ち合わせ費用
・関係先への手土産
・開業までの借入金利子
・広告宣伝費
・パソコン購入費用　　など

認められないお金の例

・10万円以上するもの
・仕入代金
・敷金、礼金　　など

#9

青色申告と白色申告

開業前にすること、知っておきたいこと

青色申告と白色申告はどう違う？

✓青色申告には最大65万円の節税メリットがある

フリーランスになると、毎年1月1日から12月31日までの所得とそれにかかる税金を計算して、税金を支払う確定申告を行う必要があります。

確定申告には、青色申告と白色申告があり、それぞれにメリットがあります。青色申告は、日々の取引を「複式簿記」という帳簿に記帳する確定申告制度です。確定申告の際に「貸借対照表」と「損益計算書」を確定申告書に添付することで、最大65万円の「青色申告特別控除」が受けられます。家族従業員の給与を経費にできる、赤字を3年間繰越控除できるなどのメリットがあります。なお、記帳方法が「簡易（単式）簿記」という比較的簡単な方法の場合は、青色申告特別控除は10万円です。一方、白色申告は、青色申告の承認を受けていない人が行う申告納税制度です。「簡易（単式）簿記」で記帳し、提出書類も確定申告書Bと収支内訳書と少なく、手間は少ないものの、特別控除は受けられません。

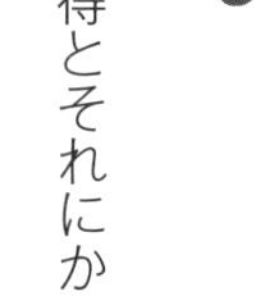

POINT!

青色申告には最大65万円の節税メリットがある

青色申告は「複式簿記」での記帳が必須

白色申告は手間が少ないが節税メリットも少ない

青色申告と白色申告の違い

	青色申告 65万円控除	青色申告 10万円控除	白色申告
どんな制度？	要件を満たして、青色申告の承認を得た場合に税制優遇が受けられる申告納税制度		青色申告の承認を得ていない人が行う申告納税制度
手続きは？	その年の3月15日までに「青色申告承認申請書」と「開業届」を居住地を管轄する税務署に提出		なし
記帳方法は？	複式簿記	簡易（単式）簿記	簡易（単式）簿記
確定申告に必要な書類は？	・確定申告書B ・青色申告決算書 ・貸借対照表と損益計算書	・確定申告書B ・青色申告決算書（損益計算書）	・確定申告書B ・収支内訳書
必要な帳簿は？	・総勘定元帳 ・仕訳帳 ・現金出納帳 ・売掛帳 ・買掛帳 ・固定資産台帳	・現金出納帳 ・売掛帳 ・買掛帳 ・固定資産台帳 ・経費帳	・簡易な記載の帳簿
メリット	・65万円の青色申告特別控除を受けられる ・家族従業員の給料を経費にできる ・赤字を3年間繰り越し控除できる ・減価償却資産（30万円未満）は一括消去できる	・10万円の青色申告特別控除を受けられる ・家族従業員の給料を経費にできる ・赤字を3年間繰り越し控除できる ・減価償却資産（30万円未満）は一括消去できる	・作成する帳簿の種類が少ない ・申告手続きが簡単
青色申告特別控除を受ける要件	・複式簿記で記帳 ・貸借対照表、損益計算書をなどを添付期限内に申告する ・e-Taxによる申告 ・または電子帳簿保存（e-Taxによる申告や電子帳簿保存を行わない場合は55万円の青色申告特別控除を受けられる）	・現金出納帳、売掛帳、買掛帳、経費帳、固定資産台帳の記帳	

#10
青色申告の申請

開業前にすること、知っておきたいこと

青色申告の申請方法

✓青色申告する年の3月15日までに申請書を提出

青色申告を選択するには、「青色申告承認申請書」を税務署に提出することが必要です。開業した年から青色申告をしたい場合は、開業届（80ページ参照）と一緒に提出すると二度手間になりません。

青色申告承認申請書には提出期限があり、青色申告書による確定申告をしたい年の3月15日までに、通常は、住民票のある住所を管轄する税務署に提出する必要があります。例えば、２０２４年から青色申告をしたい場合は、２０２４年３月15日までに提出します。なお、その年の1月16日以後に開業した場合は、事業開始日から2カ月以内に提出すれば、青色申告ができます。

住所地を管轄する税務署がわからない場合は、国税庁のＷｅｂサイトにある「税務署の所在地などを知りたい方」で、郵便番号や住所から検索できます。税務署の窓口に提出するほか、郵送、国税庁の電子申告（ｅ-Ｔａｘ）も可能です。

POINT!

「青色申告承認申請書」を税務署に提出する

提出期限は青色申告したい年の3月15日まで

住所地を管轄する税務署に提出する

青色申告承認申請書の書き方

提出直前に記入
(開業日と違っても大丈夫)

一般的に、住所地(住民票と同じ場所)で届け出をする

管轄の税務署を記入する

自宅とは異なる場所に事務所や店舗を置いて事業をする場合に記入する

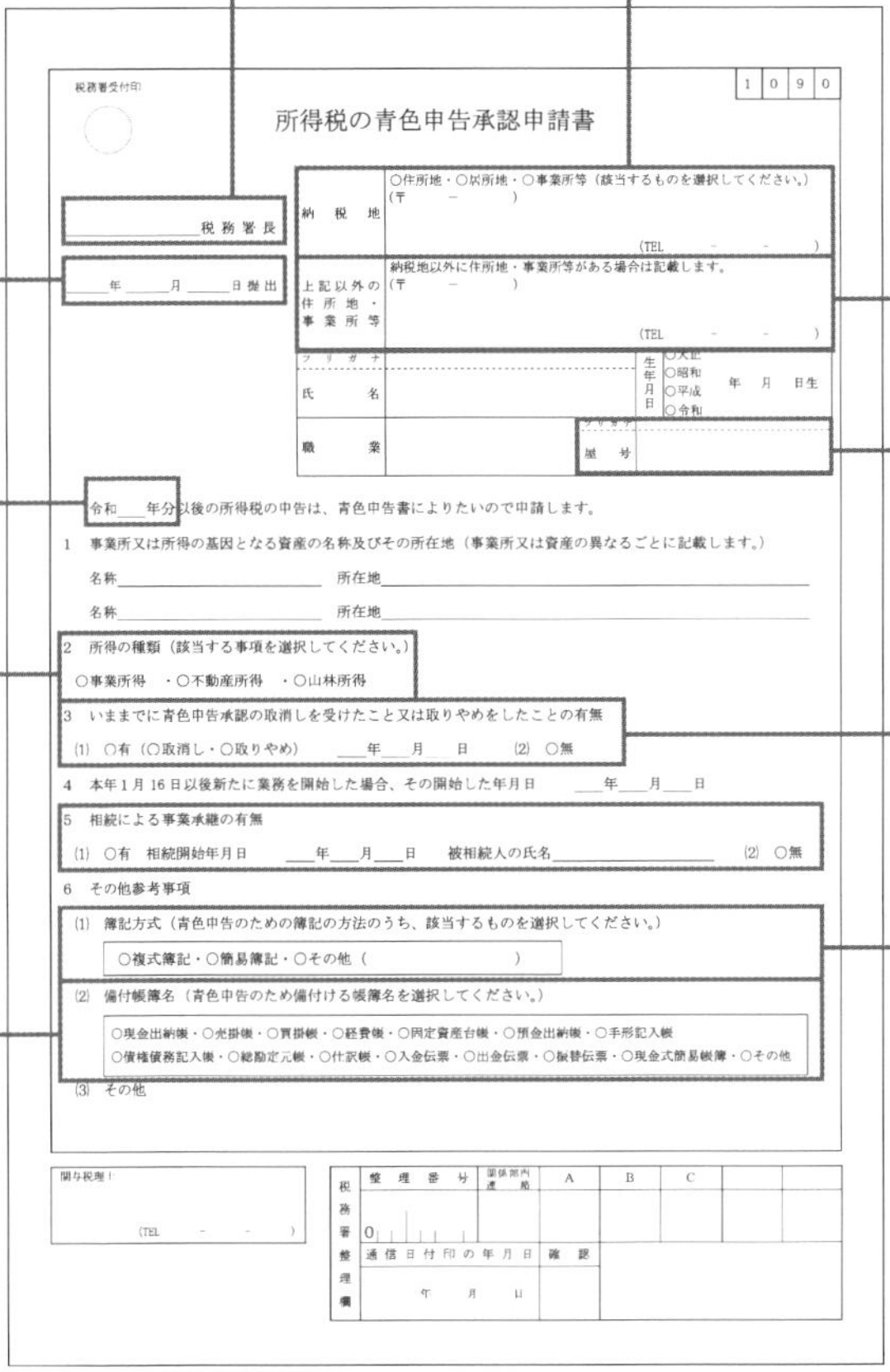

税務署受付印

1090

所得税の青色申告承認申請書

______税務署長

___年___月___日提出

納税地	○住所地・○居所地・○事業所等(該当するものを選択してください。) (〒 −) (TEL − −)
上記以外の住所地・事業所等	納税地以外に住所地・事業所等がある場合は記載します。 (〒 −) (TEL − −)
フリガナ / 氏名	
生年月日	○大正 ○昭和 ○平成 ○令和 年 月 日生
職業	
フリガナ / 屋号	

令和___年分以後の所得税の申告は、青色申告書によりたいので申請します。

1 事業所又は所得の基因となる資産の名称及びその所在地(事業所又は資産の異なるごとに記載します。)

名称______ 所在地______

名称______ 所在地______

2 所得の種類(該当する事項を選択してください。)

○事業所得 ・○不動産所得 ・○山林所得

3 いままでに青色申告承認の取消しを受けたこと又は取りやめをしたことの有無

(1) ○有(○取消し・○取りやめ) ___年___月___日 (2) ○無

4 本年1月16日以後新たに業務を開始した場合、その開始した年月日 ___年___月___日

5 相続による事業承継の有無

(1) ○有 相続開始年月日 ___年___月___日 被相続人の氏名______ (2) ○無

6 その他参考事項

(1) 簿記方式(青色申告のための簿記の方法のうち、該当するものを選択してください。)

○複式簿記・○簡易簿記・○その他( )

(2) 備付帳簿名(青色申告のため備付ける帳簿名を選択してください。)

○現金出納帳・○売掛帳・○買掛帳・○経費帳・○固定資産台帳・○預金出納帳・○手形記入帳
○債権債務記入帳・○総勘定元帳・○仕訳帳・○入金伝票・○出金伝票・○振替伝票・○現金式簡易帳簿・○その他

(3) その他

関与税理士

(TEL − −)

税務署整理欄	整理番号	関係部門連絡	A	B	C		
	0						
	通信日付印の年月日	確認					
	年 月 日						

青色申告を始めたい年を記入

個人事業主の場合は「事業所得」に✓を入れる

屋号が未定の場合は空欄でもOK

初めての場合は「無」に✓を入れる

65万円控除を受ける場合は、現金出納帳・売掛帳・買掛帳・経費帳・固定資産台帳・預金出納帳・総勘定元帳・仕訳帳に✓を入れる

青色申告で65万円控除を受けたい場合は「複式簿記」に、10万円控除の場合は「簡易簿記」に✓を入れる

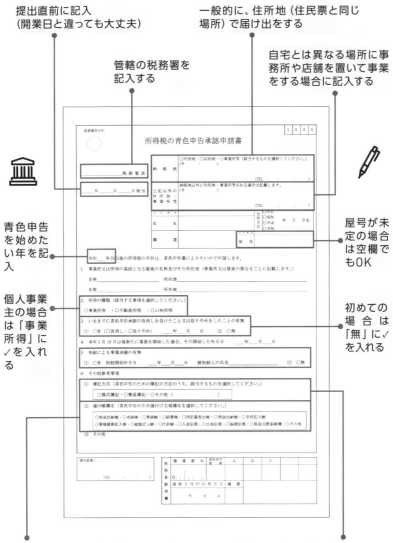

#11

開業届

開業前にすること、知っておきたいこと

開業届の書き方

開業届は事業を始めた日から1カ月以内に提出する

開業届は、正式には「個人事業の開業・廃業等届出書」と言い、個人で事業を始める時のほか、事務所や事業所を新設や増設、移転した時、事業の廃止を行った時に提出します。開業届の用紙は、税務署の窓口や国税庁のWebサイトで入手できます。

開業届が必要かどうかは、一般的に事業の規模や事業の継続性などから判断しますが、青色申告をする場合には提出する必要があります。また、事業を行うことで継続的に利益を得ることが目的の場合は、副業でも開業届が必要です。

提出期限は、事業を開始した日から1カ月以内で、提出期限が土日祝日にあたる場合には翌平日になります。提出場所は、「青色申告承認申請書」と同じく、自宅の住所に一番近い税務署です。窓口に直接持っていくほか、郵送やe-Taxを利用することもできます。書き方のポイントは81ページで紹介しています。

POINT!

- 青色申告をする場合は必ず提出する
- 事業開始から1カ月以内に提出
- 税務署の窓口や郵送、e-Taxで提出できる

開業届の書き方

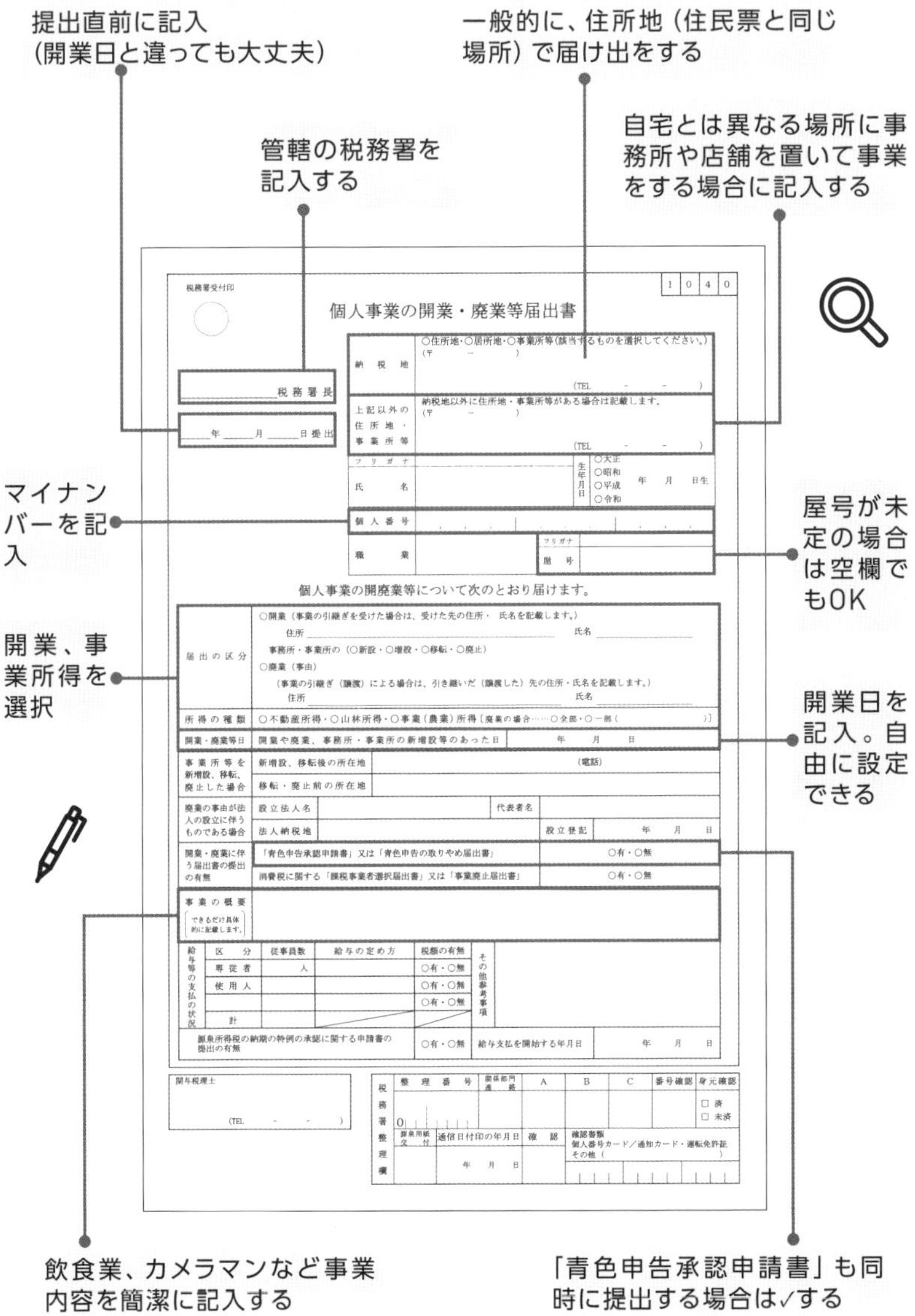

税務署受付印

1 0 4 0

個人事業の開業・廃業等届出書

＿＿＿＿＿税務署長

＿年＿月＿日提出

納税地	○住所地・○居所地・○事業所等（該当するものを選択してください。）（〒 − ）（TEL − − ）
上記以外の住所地・事業所等	納税地以外に住所地・事業所等がある場合は記載します。（〒 − ）（TEL − − ）
フリガナ	
氏名	生年月日 ○大正 ○昭和 ○平成 ○令和 年 月 日生
個人番号	
職業	フリガナ 屋号

個人事業の開廃業等について次のとおり届けます。

届出の区分	○開業（事業の引継ぎを受けた場合は、受けた先の住所・氏名を記載します。）住所＿＿ 氏名＿＿ 事務所・事業所の（○新設・○増設・○移転・○廃止） ○廃業（事由）（事業の引継ぎ（譲渡）による場合は、引き継いだ（譲渡した）先の住所・氏名を記載します。）住所＿＿ 氏名＿＿
所得の種類	○不動産所得・○山林所得・○事業（農業）所得〔廃業の場合……○全部・○一部（ ）〕
開業・廃業等日	開業や廃業、事務所・事業所の新増設等のあった日 年 月 日
事業所等を新増設、移転、廃止した場合	新増設、移転後の所在地 （電話） / 移転・廃止前の所在地
廃業の事由が法人の設立に伴うものである場合	設立法人名 代表者名 / 法人納税地 設立登記 年 月 日
開業・廃業に伴う届出書の提出の有無	「青色申告承認申請書」又は「青色申告の取りやめ届出書」 ○有・○無 / 消費税に関する「課税事業者選択届出書」又は「事業廃止届出書」 ○有・○無
事業の概要（できるだけ具体的に記載します。）	

給与等の支払の状況					その他参考事項
区分	従事員数	給与の定め方	税額の有無		
専従者	人		○有・○無		
使用人			○有・○無		
			○有・○無		
計					

源泉所得税の納期の特例の承認に関する申請書の提出の有無 ○有・○無 給与支払を開始する年月日 年 月 日

関与税理士（TEL − − ）

税務署整理欄	整理番号	関係部門連絡	A	B	C	番号確認	身元確認
	0						□済 □未済
	源泉用紙交付	通信日付印の年月日 年 月 日	確認	確認書類 個人番号カード／通知カード・運転免許証 その他（ ）			

提出直前に記入（開業日と違っても大丈夫）
一般的に、住所地（住民票と同じ場所）で届け出をする
管轄の税務署を記入する
自宅とは異なる場所に事務所や店舗を置いて事業をする場合に記入する
マイナンバーを記入
屋号が未定の場合は空欄でもOK
開業、事業所得を選択
開業日を記入。自由に設定できる
飲食業、カメラマンなど事業内容を簡潔に記入する
「青色申告承認申請書」も同時に提出する場合は✓する

#12

営業許可

開業前にすること、知っておきたいこと

営業許可が必要な事業がある

許認可の種類や手続きの窓口は事業によって異なる

フリーランスとして開業する際に、何の許可もなく始められる事業と、営業活動を開始する前に必ず資格や認可を必要とする事業があります。

一般的に、許認可は、業務を行う担当者や利用者が危険な目に遭う可能性がある事業のほか、商品やサービスの利用者の命に関わる事業で必要です。「人材派遣業」や「貸金業」など利用者が不利な立場に立つ可能性がある事業や、人が口にしたり、身体に触れるものなどを扱う場合も許認可が必要になります。

83ページでは、開業前に許認可が必要な事業の例を紹介しています。監督官庁からの営業許可を得る必要がある場合や、登録を必要とする場合、届け出が必要となる場合もあります。なお、ここで紹介したもの以外でも許認可が必要な場合もあります。期間限定のイベントを開催する場合にも届け出や許可が必要なケースもあるようです。詳細は、行政機関や行政書士などに確認、相談してください。

POINT!

営業開始前に許認可が必要な事業がある

許認可には営業許可や登録、届け出がある

期間限定のイベントでも必要な場合がある

営業の許認可が必要な事業の例

事業	手続きの窓口
理容・美容業	保健所、都道府県
クリーニング業	保健所、都道府県
公衆浴場	保健所、都道府県
旅館業	保健所、都道府県
食品関係の営業	保健所、都道府県
医療機器の販売・賃貸	保健所
毒物・劇薬の販売	保健所
薬局	都道府県
医薬品販売業（薬局以外）	保健所、都道府県
高圧ガスの販売	都道府県
LPガスの販売	都道府県
LPガスの保安業務	都道府県
火薬類、花火（煙火）などの販売・使用	都道府県
農薬の販売	都道府県

事業	手続きの窓口
肥料の製造・販売	都道府県、農水事務所
飼料の製造・販売	都道府県、農水事務所
動物用医薬品の販売	都道府県
家畜商	運輸事務所
貸金業	都道府県、財務事務所
倉庫業	運輸事務所
建設業	都道府県、建設事務所
自動車運送業	運輸事務所
自動車分配整備事業	運輸事務所
労働者派遣事業	労働事務所
電気工事業	都道府県、経産事務所
旅行業	都道府県、国交事務所
自動車駐車場を開設	市町村

出所：J-Net21

これらの事業を始めるにあたっては、監督官庁からの営業許可を取得する必要がある場合、また登録を必要とする場合、届け出が必要な場合があります

#13
助成金、補助金、給付金

開業前にすること、知っておきたいこと

もらえるお金をチェックしよう 1

✓国や自治体から支給される返済不要のお金を活用

事業を続けるには、資金の確保が重要です。その方法のひとつに、国や地方自治体などが政策を進めるために、政策の目的にあった取り組みを行う企業や事業主を支援する、助成金や補助金、給付金を活用する方法があります。

助成金は、主に厚生労働省や地方自治体から支給される返済不要のお金で、雇用や労働環境の改善を目的としています。一定の基準を満たせば受給できる可能性が高いとされます。補助金は、主に経済産業省や地方自治体が支給する返済不要のお金で、産業の育成などを目的としています。ただし、予算が設定されている場合が多く、形式要件のほかに、事業計画書などの内容も審査されるため、受給できない可能性もあります。給付金も国や地方自治体から支給されるもので、こちらは受給要件を満たす申請者全員に一定額が支給されます。なお、フリーランスが開業時に申請できるものには、85ページ下段のようなものがあります。

POINT!

助成金は一定の基準を満たせば受給できる

補助金は受給できない場合もある

給付金は申請者全員に一定額が支給される

助成金、補助金、給付金の違い

	助成金	補助金	給付金
交付する機関	主に厚生労働省、地方自治体	主に経済産業省、地方自治体	国
交付する目的	雇用や労働環境の改善	産業の育成や施策を推し進めるなど	一定の対象者に一定の取り組みを求めず現金を給付する制度
受給しやすさ	基準を満たせば受給できる可能性が高い	予算が設定されている場合が多く、受給できない可能性がある	受給要件を満たす申請者全員に一定額が給付される
返済義務	なし	なし	なし

フリーランスが開業時に申請できる助成金や補助金、支援金の例

名称	対象	支給の要件／支給対象となる事業主など
地域雇用開発助成金	雇用保険加入事業者（個人事業主・中小企業）	特定の地域に雇用保険適用事業所を設置し、従業員を雇用すること 小売業・飲食業（50人以下）、サービス業(100人以下）、卸売業（100人以下）、その他(300人以下）※
創業促進補助金（自治体によって名称が異なる）	新たに事業を始める事業者	自治体や補助金によって要件が異なる
IT導入補助金	小規模事業者・個人事業主	生産性向上を目的としたITツールを導入した場合に支給 飲食業、宿泊業、小売業、卸売業、運送事業、医療・介護・保育など
起業支援金	個人事業主・企業	東京圏内（東京都・埼玉県・千葉県・神奈川県）以外の道府県または東京圏内の特定の地域で社会的事業を起業した場合に支給

※支給要件や支給対象などは2023年10月1日現在

#14 支援制度

開業前にすること、知っておきたいこと
もらえるお金をチェックしよう②

✓ IT導入や業務効率化を支援する制度もある

フリーランスがもらえるお金は、ほかにもあります。例えば、2023年度は、87ページで紹介している「IT導入補助金」や「小規模事業者持続化補助金（一般型）」などの支援制度を行っています。

このうち、「IT導入補助金」は、中小企業や小規模事業者が、日々の業務の効率化させるITツールや、情報を一元管理するクラウドシステムなどの導入に活用できます。「小規模事業者持続化給付金」は、小規模事業者の販路拡大や、業務効率化の取り組みを支援するもので、費用の一部を補助してくれます。

助成金や補助金は、事業の実施後支給される「精算払い」です。支給が決まったら、自分で資金準備し、後日費用の一部を受け取ります。申請から支給まで半年から1年程度かかる場合もあります。また、支給されるのは対象事業の実施期間内に発生した諸費用です。1日でもずれると対象外になります。

POINT!

- ITツールの導入に使える補助金もある
- 販路拡大や業務効率化を支援する制度も
- 実施期間内に発生した費用のみが対象

フリーランスが活用できる支援制度の例

IT導入補助金

目的	経営課題を解決するためのITツール導入を支援するための補助金。IT導入支援事業者がITツールの導入をサポート
支援対象	IT導入補助金ツールを導入する中小企業・小規模事業者
支援額	（下限なし）～450万円（複数社連携IT導入類型を除く）
申請先	サービス等生産性向上ＩＴ導入支援事業事務局

小規模事業者持続化補助金（一般型）

目的	小規模事業者の地道な販路拡大などの取り組みや事業効率化の取り組みを支援
支援対象	小規模事業者：会社および会社に準ずる営利法人、個人事業主（商工業者であること）、一定の要件を満たした特定非営利活動法人
補助率	2/3（賃金引き上げ枠のうち、赤字事業者は3/4）
補助上限	[通常枠] 50万円 [賃金引上げ枠・卒業枠・後継者支援枠・創業枠] 200万円 ※インボイス特例対象事業者は、上記金額に 50 万円上乗せ
申請先	管轄の商工会議所

中小企業基盤整備機構が運営するウエブサイト「J-Net21」の「支援情報ヘッドライン」では、国や都道府県の支援情報をまとめて検索できます

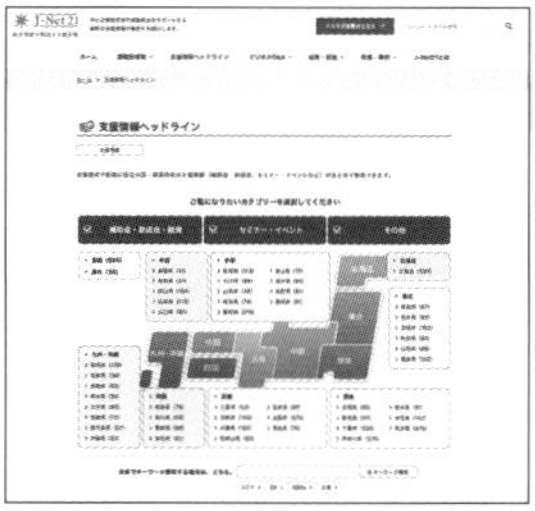

https://j-net21.smrj.go.jp/snavi/index.html

#15
フリーランスを保護する法律

開業前にすること、知っておきたいこと

これだけは知っておきたい フリーランスを保護する法律

✓「独占禁止法」「下請法」がフリーランスを保護する

個人で事業を行うフリーランスは、会社員のように会社と雇用関係を結んで働くわけではありません。労働基準法のような労働関連法令が適用されない場合があることを知っておく必要があるでしょう。労働基準法が適用されないため、労働時間が無制限になったり、報酬が支払われない可能性があるなどのリスクもあります。トラブルに巻き込まれないために、あるいは巻き込まれた場合に適切な対応ができるよう、フリーランスを守る法律について知っておくことが大切です。

なかでも重要なのが、「独占禁止法」と「下請法（下請代金支払遅延等防止法）」です。「独占禁止法」では、「優越的地位の濫用の禁止」と言い、企業が優越的地位を利用して、フリーランスに不当に不利益を与えることを禁止するもので、企業とフリーランスの取引全般が対象になります。例えば、秘密保持義務を理由に他の会社との取引をさせない、極端に安い報酬を一方的に決めるなどが該当します。

POINT!

フリーランスには労働関連法令が適用されない

**「独占禁止法」と「下請法」は
フリーランスを保護する重要な法律**

フリーランスを保護する法律 1

独占禁止法

☑ **企業が優越的地位を利用して、不当に不利益を与えることを禁止する**

適用対象：企業とフリーランスの取引全般に適用

該当する行為

契約締結時	・取引条件を明確にする書面を交付しない ・極端に低い報酬の一方的な決定 ・合理的な範囲を超えた秘密保持義務 ・一方的な取引条件の設定、変更、実施など
納品時	・受け取り拒否 ・返品 ・やり直しの要請
報酬の支払時	・支払いの遅延 ・減額
その他	・協賛金など負担の要請 ・不要商品などの強制購入 ・著作権などを取り上げられる

例 合理的な範囲を超えた秘密保持義務で他社との取引をさせない　など

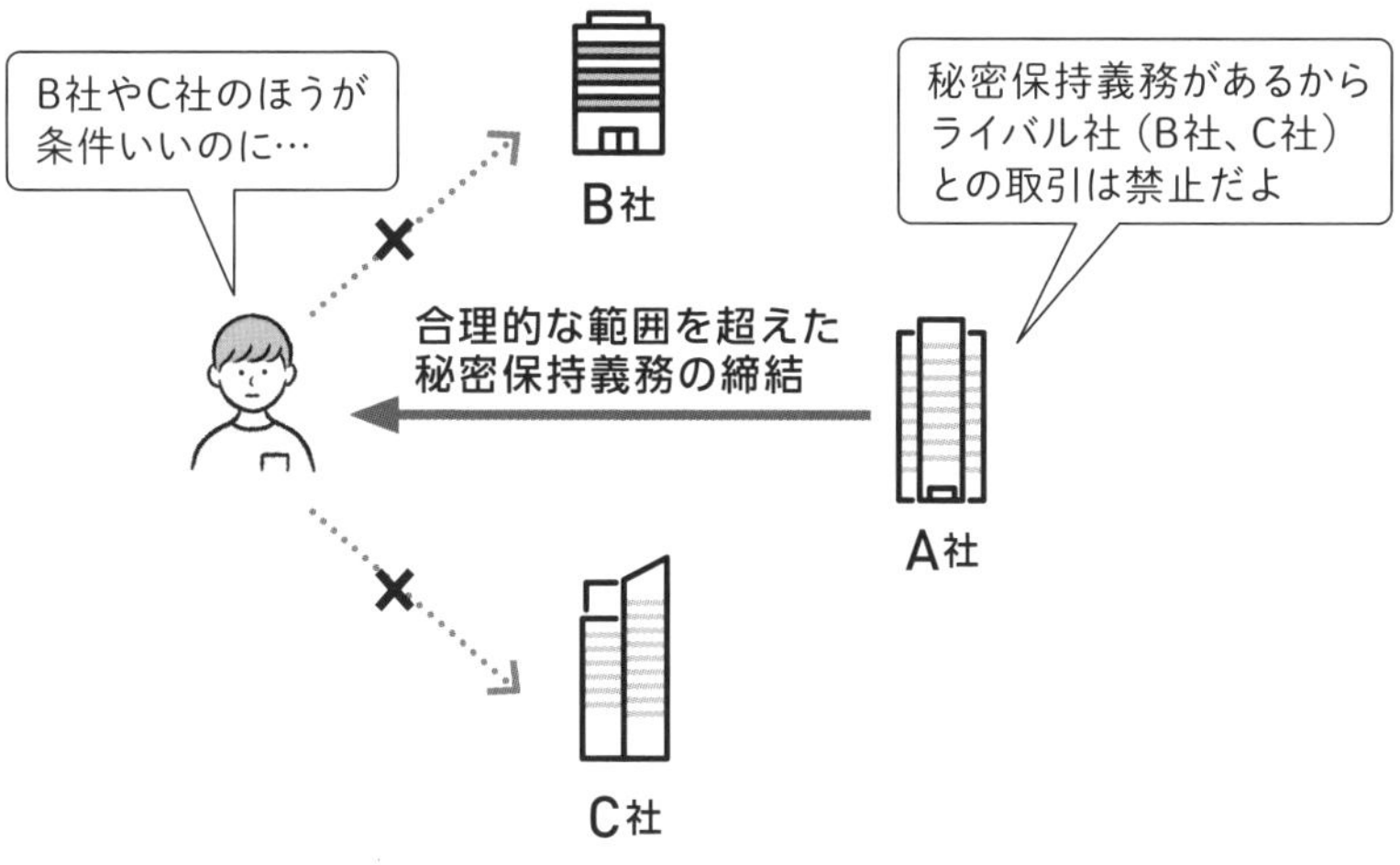
B社やC社のほうが
条件いいのに…
B社
秘密保持義務があるから
ライバル社（B社、C社）
との取引は禁止だよ
合理的な範囲を超えた
秘密保持義務の締結
A社
C社

フリーランスを保護する法律 ②

下請法（下請代金支払遅延等防止法）

☑ **資本金1000万円超の企業が規制対象の取引を**
フリーランスに発注する場合、
取引条件を明確にする書面の交付が義務となる

適用対象：	資本金1000万円超の法人が、下請法の規制の対象となる取引（①製造委託、②修理委託、③情報成果物作成委託、④役務提供委託）をフリーランスに発注する場合に適用

発注者の義務

1. 発注内容を明確に記載した書面の交付
2. 発注時に支払い期日を定める（納品後60日以内に報酬を支払う）
3. 取引記録の書類を作成し、2年間保存する
4. 支払いが遅れたら遅延利息（未払い金額の年率14.6%）を支払う

主な禁止行為

- 支払いの遅延　・減額
- 極端に低い報酬の一方的な決定
- 不当なやり直しの要請
- 一方的な発注取り消し
- 著作権などを取り上げられる
- 不要な商品の強制購入
- 契約範囲外のサービスの提供を求める
- 合理的な範囲を超えた秘密保持義務等の一方的な設定

「下請法」は、独占禁止法を補完する法律で、フリーランスと取引する企業の資本金が1000万円を超えているに場合に適用されます。規制の対象となる企業が、フリーランスに製造や修理、情報成果作成（プログラミングや記事の作成など）などを委託した場合や、労働力の提供を求めた場合に、取引条件を明確にする書面の交付が義務となります。

業務の実態から「労働者」と認められる場合は労働法が適用される

「労働者」にあたる可能性がある例

- 病気などの特別な理由がないと仕事を断れない
- 勤務時間や勤務場所が決められている
- 契約や予定にない業務も命令されたり頼まれたりする
- 報酬が「時間あたりいくら」で決まっている
- 仕事に時間がかかり、他社の仕事を受ける余裕がまったくない

「勤務時間や勤務場所が決められている」、「病気などの特別な理由がないと仕事を断れない」など「労働者」と判断される場合には、労働基準法など適用されます。

独占禁止法、下請法、労働法が適用される場合

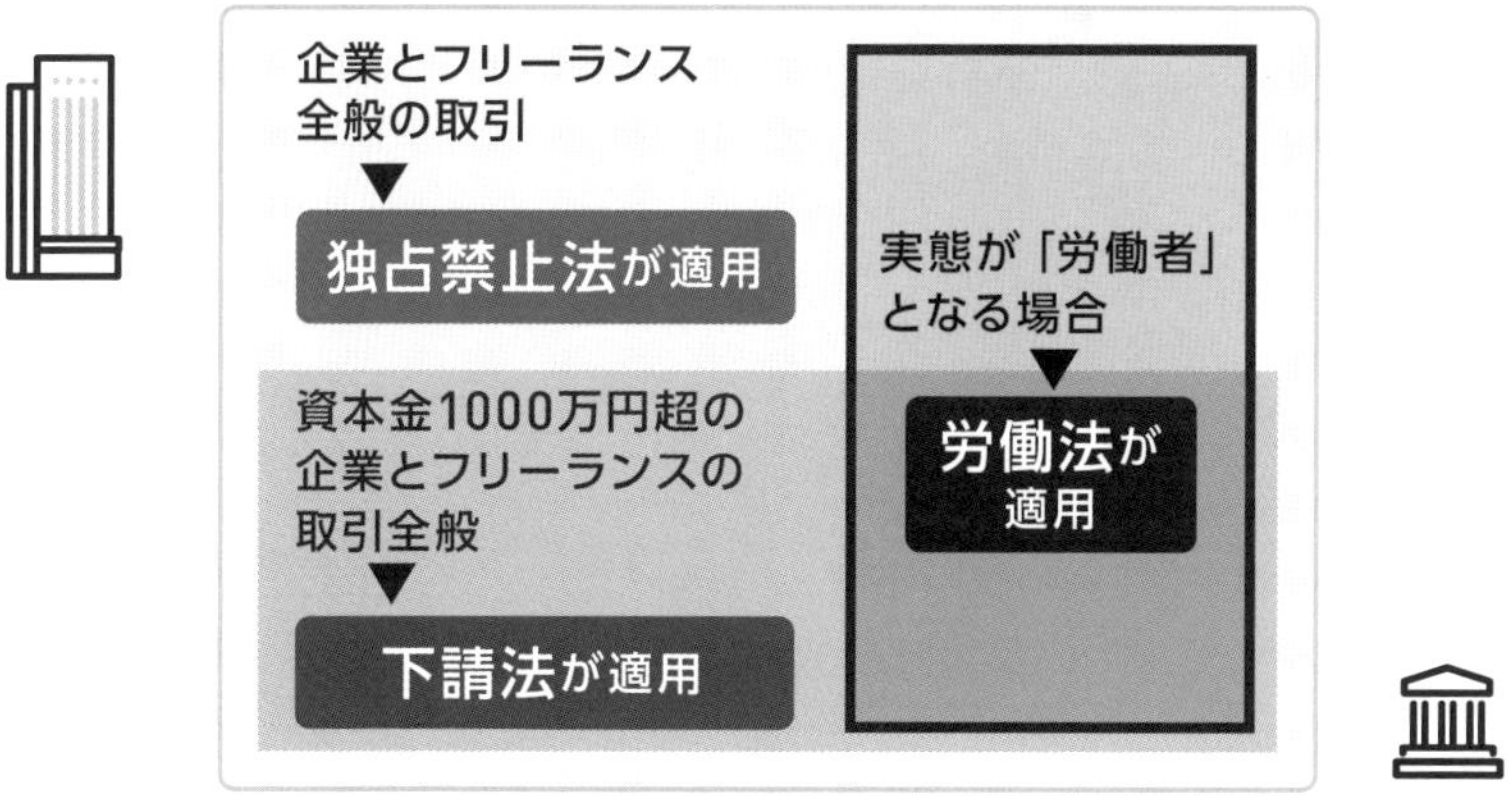

「独占禁止法」は、企業とフリーランスの取引全般が対象になり、資本金1000万円超の企業の場合には「下請法」も適用されます。業務の実態から「労働者」と判断されると「労働基準法」も適用されます。

Column

景気に左右されない働き方をする

複数の資格を持ち、活躍の機会を広げる

フリーランスとして働き続けるためには、「景気に左右されないこと」が非常に大切です。景気がいい時には仕事が順調でも、不景気になった途端に仕事がなくなってしまうようでは、暮らしていけないかもしれません。

私は、ファイナンシャル・プランナー（FP）以外に、社会保険労務士（社労士）、産業カウンセラー、キャリアコンサルタントなどの資格を持っています。

景気がいい時には、資産運用に関する仕事が増え、FPとしての仕事が忙しくなります。景気が悪い時には、社会保険に関する仕事や原稿の執筆依頼が多くなります。産業カウンセラーやキャリアコンサルタントとしての仕事は、好景気、不景気に関わらず、ニーズがあります。

複数の資格を持ち、活躍の場と機会を広げることがリスクヘッジにつながり、景気に左右されずに仕事を続け、生活を安定させることができているのです。

Part 3

かしこい お金の管理と 損をしない経営

#1
予算

フリーランスこそお金の管理が大事

どのくらい稼げばいいの？

✓「月々の生活費＋貯蓄したい額」をベースに考える

フリーランスとして独立したものの、「どのくらい稼げばいいのか？」で迷う人もいるでしょう。「どのくらい稼ぐか」は、フリーランスにとっての「予算」です。これを決めていないと、取引先と報酬を交渉しようにも、「いくらにすればいいのか」の検討すらつかないでしょう。

予算は、「月々の生活費がいくら必要か」、そして「月々、いくら貯蓄したいか」をベースに「最低限稼ぎたい金額」を考えます。月々の生活費が15万円、貯蓄が4万円なら、月額19万円、年額では２２８万円必要です（左ページ）。

ただし、この金額を稼げばいいわけではありません。事業に必要な経費のほか、税金や社会保険料を支払う必要もあるからです。手取りが２３３万円だった場合、税金や社会保険料を引く前の金額は３００万円程度になります。この金額に、必要経費を加えた金額以上の売上金額を稼ぐことが必要といえるでしょう。

POINT!

- 生活費＋貯蓄をベースに手取りを考える
- 手取り＋税金・社会保険料＝利益と考える
- 利益に必要経費を足した金額を稼ぐ

予算の考え方

月々の生活費はいくら必要か？	＋	月々、いくら貯蓄（投資）したいか？	＝	最低限稼ぎたい金額
例 15万円	＋	4万円	＝	月額 19万円

↓

年額 228万円

年収別の手取り早見表

住民税、社会保険料などを引いた手取りの目安

年収	手取り
300万円	約233万円
400万円	約303万円
500万円	約370万円
600万円	約429万円
700万円	約487万円
800万円	約545万円
900万円	約603万円
1000万円	約661万円

年300万円＋必要経費以上の売上金額が必要。つまり、必要経費が月額5万円（年額60万円）ならば年360万円以上の売上げが必要

※上記には経費は含まれていない
※家族や社会保険料などによって異なる
※扶養家族なし、青色申告特別控除65万円、所得控除、税額控除がなく、個人住民税5%、保険料は東京都世田谷区で試算。

上の「早見表」は目安の金額です。実際の金額は、家族構成や社会保険料の金額などによって異なるので注意してください。

#2 管理すべきお金

フリーランスこそお金の管理が大事

フリーランスが管理すべきお金

✓管理するべきお金は10種類ある

フリーランスとして働いて生活するには、仕事でいくらお金を稼いで、経費はどのくらいかかっているかを管理し、把握することが大切です。

また、フリーランスは会社員と違って、銀行口座に振り込まれる金額が「手取り（税引き後手取り）」ではありません。フリーランスの場合、95ページのように、取引先から振り込まれる「❷売上金額」から、事業に必要な「❸経費」を差し引いた「❹利益（事業所得）」、そこから「❺税金」や健康保険料、国民年金保険料などの「❻社会保険料」を引いた金額が「❼手取り」です。例えば売上金額が５００万円で、経費が１００万円だった場合、手取り金額は約３０３万円くらいになります。そこから「❽生活資金」を捻出し、「❾生活防衛」のための貯蓄をします。このように、フリーランスは図の❶から❿のお金を管理することが不可欠になります。

POINT!

- 振り込まれた金額＝手取りではない
- 売上げや経費をしっかり把握しよう
- 利益から税金や社会保険料を引いた残りが手取り

管理するべきお金とは

例 売上金額500万円の場合

フリーランスが管理するべきお金は10種類あります。❶は開業後に経費として償却できます（74ページ参照）。また、❷❸❹は毎月チェックし、赤字になっていないかどうかをしっかり確認しましょう。

開業準備のお金	❶ 開業資金	
事業継続のお金	❷ 売上金額（開業前は予測値）	売上金額 500万円
	❸ 必要経費（事業での支出）	経費 100万円
	❹ 利益（事業所得）	利益 400万円
	❺ 税金	税金 約44万円
	❻ 社会保険料	社会保険料 約53万円
	❼ 手取り金額	手取り 約303万円
生活のためのお金	❽ 生活資金	生活資金 200万円
	❾ 貯金（生活防衛資金）	貯金 約103万円
	❿ 資産運用、自己投資資金	

売上金額は
500万円でも
手取りは
303万円しかない

※35歳、独身（扶養家族なし）のフリーランスで、売上金額500万円、経費100万円で、青色申告特別控除65万円の場合の例。所得控除や税額控除はなく、個人事業税は5%。健康保険料は東京都世田谷区で計算。

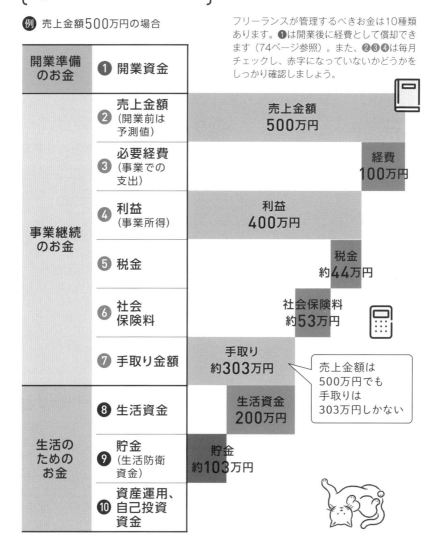

#3
お金の管理

フリーランスこそお金の管理が大事

うっかり使いすぎないためのお金の管理法

✓事業用の銀行口座やクレジットカードを用意する

お金を管理する際は、事業用とプライベートのお金を分けることが重要です。コツは、事業専用の銀行口座やクレジットカードを作ること。例えば文房具を買った場合、帳簿をつける時にそれが事業用か、プライベート用かを簡単に把握できます。銀行口座の使い分けは、99ページ下図を参考にしてください。

会計ソフトも、ぜひ活用したいもののひとつです。売上げや経費を入力するだけで、確定申告に必要な書類を自動的に作成してくれるからです。事業用の銀行口座やクレジットカード、キャッシュレス決済ツールを会計ソフトと連携させ、定期的にデータを取り込めば、帳簿付けをする手間も省けます。とはいえ、月1回程度は帳簿をチェックし、記入漏れがないかなどを確認しましょう。また、領収書や請求書は、きちんと保管しておくことが大切です。日々の生活資金についても家計簿ソフトを使って、簡単かつ、しっかり管理しましょう。

POINT!

- 銀行口座やクレカは事業用と私用を分ける
- 帳簿付けには会計ソフトを活用する
- 会計ソフトで確定申告書類も作成できる

お金の管理に活用したいツール

ツールの種類	ポイント
事業用銀行口座	事業用とプライベート用のお金をしっかり分ける
事業用クレジットカード	事業用経費とプライベートでの支出を分ける
会計用ソフト	売上、経費、利益を見える化する
キャッシュレス決済ツール	経費の決済に活用。事業用銀行口座から引き落とし、管理を簡単に
契約書類（見積書、請求書、契約書など）	会計用ソフトで作成可能（管理も簡単）
家計簿管理アプリ	生活資金もしっかり、かつ簡単に管理

事業用口座とプライベート用口座の使い分

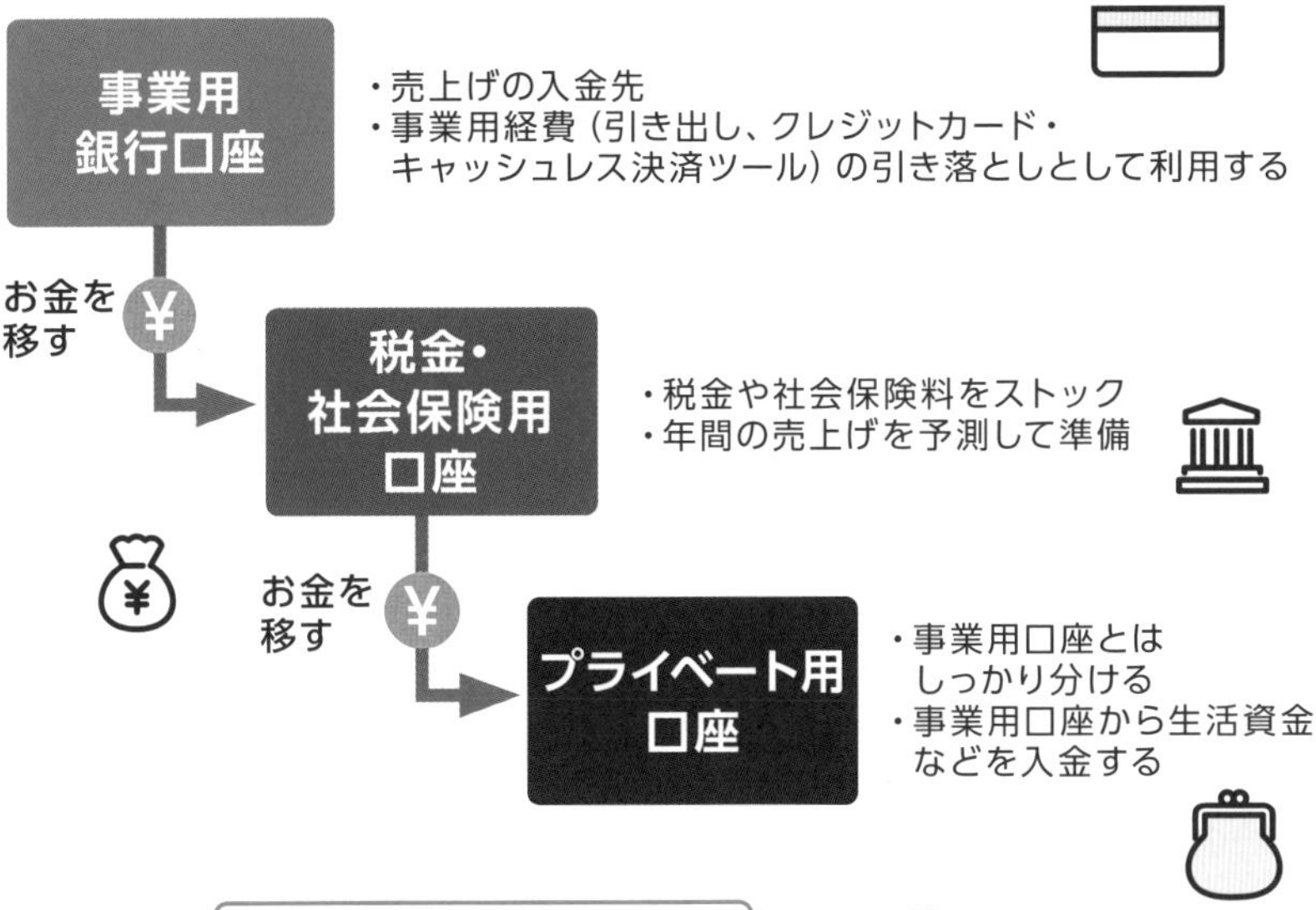
事業用
銀行口座
・売上げの入金先
・事業用経費（引き出し、クレジットカード・キャッシュレス決済ツール）の引き落としとして利用する
お金を
移す
税金・
社会保険用
口座
・税金や社会保険料をストック
・年間の売上げを予測して準備
お金を
移す
プライベート用
口座
・事業用口座とはしっかり分ける
・事業用口座から生活資金などを入金する

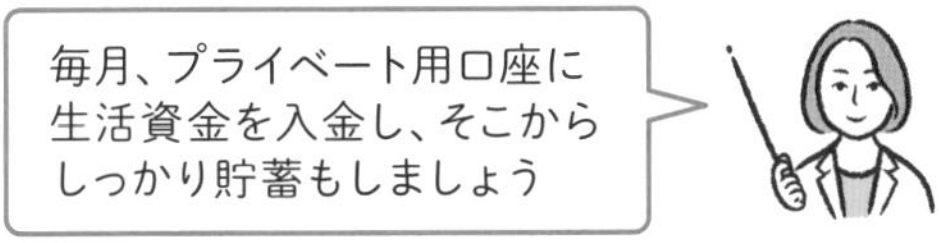
毎月、プライベート用口座に
生活資金を入金し、そこから
しっかり貯蓄もしましょう

#4

売上

フリーランスこそお金の管理が大事

売上げを管理しよう

✓会計ソフトの「売上台帳」を使えば、簡単に管理できる

売上げは、事業活動によって受け取ったお金です。専門用語では、「収益」と呼ばれます。税金や健康保険料などは、前年（1月から12月）の売上げがいくらあるかによって決まります。また、売上げの金額以上に経費や生活費がかかったら、赤字になってしまうでしょう。そんなことにならないよう、事業を始めたら、売上げをしっかり管理することが大切です。

では、どうやって管理すればいいのでしょうか。エクセルなどで「売上管理表」を作って管理する方法もありますが、オススメは会計ソフトを活用すること。会計ソフトには、売上げだけを集計する「売上台帳（売上帳）」が用意されているので、そこに売上げが発生した日付（取引き日）や取引先、内容、金額などを記入します（101ページ下図）。また、月末には、その月の売上げがいくらなのかをまとめる作業も必要です（会計ソフトでは、自動的にやってくれます）。

POINT!

- 売上げは事業活動で受け取ったお金
- 税金や健康保険料などは売上をもとに決まる
- 会計ソフトの売上台帳で管理しよう

売上げの管理には「売上台帳」を使う

売上台帳

(20××年××月)

屋号/法人名：●●●●●

申請者名：●●●●

日付	取引先	内容	金額	備考

会計ソフトの「売上台帳」では、日付、取引先、内容、金額を記入（入力）すればOK。請求書や領収書もしっかり保管（保存）しておきましょう。

例 記入例

日付	取引先	内容	金額	備考
7月20日	A株式会社	○○（商品名）50個	100,000円	
7月24日	B株式会社	△△（商品名）20個	50,000円	

売上台帳は、法人は10年間、
フリーランスは7年間保存することが
義務づけられています。

#5

請求書

フリーランスこそお金の管理が大事

請求書の書き方を覚えよう

✓必ず記載する項目が5つある

請求書は、取引先に商品やサービスなどを納品し、対価を請求するときに発行する書類です。国税庁のＷｅｂサイトでは、請求書を作成する時に必要な項目について、「請求書作成者の氏名または名称」「取引先の氏名または名称」「取引年月日」「取引内容」「取引金額（税込）」の5項目を定めています。必要に応じて、「支払期限」や「振込先」「商品の単価」なども記載しましょう。請求書の発行日は、作成日ではなく、取引先の「請求締め日」に合わせた日付を記入します。

インボイス制度（１３８～１４３ページ参照）では、商品やサービスの売り手が買い手に適用税率や消費税額を伝えるために登録番号や適用税率、消費税額などを記載した「適格請求書（インボイス）」の交付を求められることがあります。ただし、適格請求書の交付は、税務署から「適格請求書発行事業者」として登録を受けた納税事業者に限られます。

POINT!

- 請求書には必ず記載する5項目がある
- 必要に応じて支払期限や振込先も記入
- 発行日をいつにするか、取引先に確認する

請求書の書き方

これは請求書の記載例です。
会計ソフトと連動する請求書作成ソフトやサービスを利用する方法もあります

請求書

❶ ○○○○株式会社
○○○○御中

❹ 下記の通りご請求申し上げます。

❷ 請求日：0000年00月00日
❸ 請求番号：0000
❺ 株式会社○○○ 印
〒000-0000東京都
○○○○○○○ビル5F
❻ 登録番号：T0123456789012
TEL：
FAX：
E-Mail：
担当：

❼ ご請求金額 ¥3,300

❽日付	❾品番・品名	❿数量	⓫単価	⓬金額
○月○日	サンプル	1	¥100	¥100
○月○日	サンプル	2	¥200	¥400
○月○日	サンプル	3	¥300	¥900
○月○日	サンプル	4	¥400	¥1,600

小計			¥3,000 ⓭
消費税　8%対象	¥0	消費税	¥0 ⓮
消費税　10%対象	¥3,000	消費税	¥300
合計金額			¥3,300 ⓯

※軽減税率対象 ⓰

備考

いつもご利用いただきありがとうございます。
振込先：○○銀行　○○支店（普通）○○○○○○○ ⓱
お振込み手数料は御社ご負担にてお願いいたします。⓲
お支払い期限：0000年0月0日 ⓳

請求書に記載すること

❶
請求先の宛名
会社名を記入。担当者名、所属部門まで書くと親切

❷
請求書の発行日
発行日は、事前に請求先と確認する。取引先の請求締め日に合わせることが多い

❸
請求書番号／通番
必須ではないが、管理しやすくなる

❹
請求者の会社名、住所、電話番号などを記載

❺
請求側の会社捺印
個人事業主の場合は事業用の印鑑

❻
適格請求書発行事業者の登録番号

❼
合計請求金額
消費税などを含めた総額の金額を記載

❽
取引した日付

❾
商品名や品番などを記載

❿
商品の数量

⓫
商品の単価

⓬
商品の金額

⓭
小計
消費税抜きの合計金額を記載

⓮
消費税額
税率ごとに区分した消費税率、消費税額を記載

⓯
合計金額
消費税などを含めた合計金額を記載

⓰
「※」印などで軽減税率の対象品目であることを表す

⓱
振込先
支払い方法を記載。振り込みの場合は、銀行口座名を記載

⓲
振込手数料
振り込む側の負担が一般的だが、事前に取引先と話し合って決める

⓳
支払い期限（振り込み期限）
取引先と事前に確認してから記載

#6
必要経費

フリーランスこそお金の管理が大事

経費はどう考える？

✓事業を行うために直接、必要なお金

経費（必要経費）とは、「事業を行うために必要なお金（費用）」のことです。確定申告では、売上金額から必要経費を引いて利益（所得）を計算し、この利益をもとに所得税や住民税が計算されます。つまり、売上金額に対して必要経費が多いほど、利益が低くなり、支払う税金の金額も低くなります。

そのため、「必要経費が多いほうが、支払う税金を減らせる」と考える人もいるでしょう。ですが、必要経費に「できるもの」と「できないもの」があります。できるものは、「事業を行うために必要な費用」で、売上げに直接貢献したかどうかで判断されます。例えば、自宅兼事務所の場合、水道光熱費の一部を経費にできます（108～109ページ参照）。打ち合わせでカフェを利用した場合には、代金を経費にできますが、ただ休憩しただけだと経費にはできません。106～107ページに主な経費の例を紹介しました。判断の参考にしてください。

POINT!

- 経費は「事業を行うために必要な費用」
- 経費が多いほど税金額も低くなる
- 経費には「なるもの」と「ならないもの」がある

経費って何だろう？

必要経費　事業を行うために必要な費用

- 売上げに対応する売上原価
- 売上げを得るために必要となった経費
- その事業年度における販売費及び一般管理費
- 業務に関連して発生した減価償却費

使ったお金が全部、経費になるわけではありません。
「事業に関係しているか」「売上げに貢献しているか」が
判断基準になります

必要経費になるものとは？

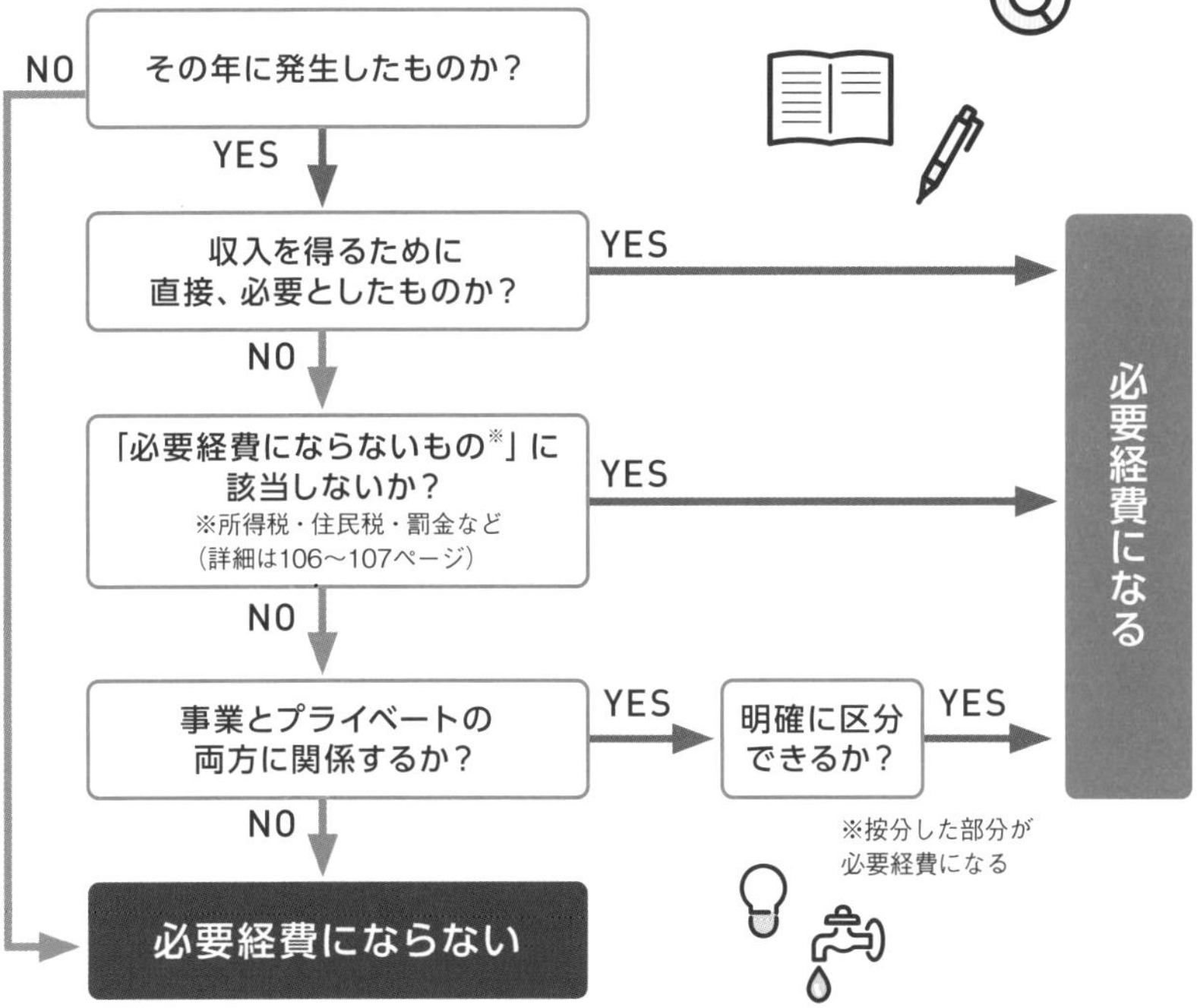

フリーランスの主な経費

勘定科目	概要	経費になる例	経費にならない例
水道光熱費	電気代、ガス代、水道料金	事務所などで使う水道代、ガス代、電気代、灯油代など	自宅兼事務所のプライベートでの利用に該当する光熱費や水道代
旅費交通費	移動費用、宿泊費用	業務の遂行するための交通費（公共交通機関の乗車賃、タクシー代、高速道路代、ガソリン代など）、宿泊費、コインパーキング代など	駐車違反の反則金、出張先での個人的な観光費用
通信費	郵便、電話料金、インターネット料金	事業で使用する切手やはがき代、固定電話や携帯電話料金、インターネットなどの回線使用料	事業とプライベート兼用の携帯電話使用料のうち、プライベートでの使用分
広告宣伝費	事業や商品の広告に関する費用	Webや雑誌などの広告掲載料、チラシやポスター、カタログなどの印刷費用	―
接待交際費	取引先への接待や贈答にかかる費用	売上げに結び付く取引先や仕入先との飲食代や贈答品代、慶弔費、謝礼、お車代、ご祝儀、取引先との親睦旅行・ゴルフなど	プライベートで面会した取引先との飲食代、個人的に参加したゴルフコンペ代など
損害保険料	事故や火災などの損害保険料	事務所の火災保険料、事業で使う車の自動車保険料、自賠責保険料	事業主自身の生命保険料、国民年金保険料、国民健康保険料（ただし控除が受けられる）
車両費	車にかかる諸費用全般	事業で使用するガソリン代、駐車、車検費用、タイヤ交換、部品交換など	プライベートで使用する車にかかる諸費用
修繕費	建物や機械などの資産の維持補修にかか費用、修理代	店舗・事務所の修理、機械、器具、事務機、給排水設備費用、部品交換、自動車などの修理代（減価償却資産にあたらないもの）	―
消耗品費	取得価額が10万円未満か使用可能期間（法定耐用年数）が1年未満の消耗品	文房具、伝票、名刺、作業用デスク、10万円未満のパソコン、固定資産にならない備品（事務用机、いすなど）、常備品（電池、電球など）、業務用のスーツなど	プライベートでも使用できる服や靴など

勘定科目	概要	経費になる例	経費にならない例
新聞図書費	新聞・雑誌の購読料、書籍購入費	業務上必要な書籍、雑誌、新聞の購読料、地図、業者名簿など	プライベートで買った書籍、雑誌など
会議費	商談や打ち合わせにかかった費用	会議室利用料、会議の食事・喫茶・茶菓子代など	プライベートでの食事・喫茶代など
外注工賃	外部に業務を委託するために支払った費用	外部の業者・事業主に業務を発注した際の支払い、電気工事代、マーケティング調査費など	―
雑費	他の経費にあてはまらないもの	事業に関わる引越し代やクリーニング代、年会費、銀行の振込手数料	―
地代家賃	事務所などの家賃や使用料	店舗や事務所の家賃や礼金、駐車場代	敷金、保証金（償却分は経費になる）
荷造運賃	荷物の運賃や梱包費用	商品や製品の配送にかかる運賃や段ボールなどの梱包資材代	―
減価償却費	10万円以上かつ1年以上使用可能な固定資産を、法定耐用年数に従って分割し計上する費用	建物、車、コピー機、オフィス家具、機械（法定耐用年数に従って一部を経費計上する）	―
利子割引料	借り入れの支払利息、分割払いの手数料	事業用の借入金の支払利息、手形の割引料	借入金の元本の支払い
貸倒金	取引先の経営悪化や倒産により回収が不能となった損害金額	回収不能となった売掛金や貸付金、未収入金	―
租税公課	税金や公的な負担金	個人事業税、事業利用資産の固定資産税、自動車税、登録免許税、印紙税、不動産取得税など	所得税、住民税、相続税、贈与税、法律違反による加算金や罰金、税金の過少申告、無申告などの際に課せられる加算税、税金の支払いを遅延した場合に課せられる延滞税 など

#7
家事按分

フリーランスこそお金の管理が大事
自宅で仕事をする場合、経費になるもの

✓家賃、水道光熱費などの一部を経費にできる

フリーランスには、自宅を事務所として使う人もいます。その場合、家賃や水道光熱費など事業費と生活費を兼ねた支出について、事業で利用した分を計算して、経費として計上することができます。これを「家事按分《あんぶん》」と呼んでいます。

家事按分できるものには、家賃や水道光熱費、通信費、自動車関連費用などがあります。例えば、家賃の場合には、全床面積のうち、事業用に使っている面積を計算して、「地代家賃」として計上します。仮に、家賃が月額15万円で、床面積が50㎡のマンションのうち、20㎡を事務所として使っているのであれば、「20㎡÷50㎡×15万円＝6万円」なので、毎月6万円を必要経費にできます。

なお、青色申告の場合には、業務に必要と判断できる合理的な理由があれば、業務上必要な部分の比率に制限はありません。これに対し、白色申告の場合には、業務に関係する割合が50%を超えているかどうかで判断されます。

POINT!

- 事業費と生活費を兼ねた支出の一部を経費にできる
- 事業用の比率分を経費にするのが「家事按分」
- 家賃や水道光熱費、通信費などが対象

家事按分できるものの例

地代家賃

全床面積のうち、事業用に使っている面積の割合を計算し、「地代家賃」として計上できる

例 家賃15万円、床面積50㎡のマンションのうち、20㎡を事務所として使用

20㎡÷50㎡×15万円＝6万円 → 6万円を必要経費として計上

水道光熱費

使用日数や使用時間を目安に計算

例 自宅兼事務所を1カ月のうち180時間を事業に使い、
その月の電気代が1万円だった場合

180時間÷720時間×1万円＝2500円 → 2500円を必要経費として計上

通信費

使用日数や使用時間を目安に計算

例 週休2日制で働き、1カ月の通信費が2万円だった場合

70％を事業に使用と決める　2万円×70％＝1万4000円 → 1万4000円を必要経費として計上

自動車関連費用

業務に使用した高速料金やコインパーキング料金などは全額経費として計上できる。ガソリン代などは実際の走行距離をもとに按分割合を決める

例 1カ月の走行距離が800㎞あり、事業で使用した分が600㎞で、
その月のガソリン代が1万円だった場合

600km÷800km×1万円＝7500円 → 7500円を必要経費として計上

会計ソフトでは、費目ごとに
家事按分の比率を登録しておくと
自動的に按分計算してくれるので
業務を効率化できます

#8

収支管理

フリーランスこそお金の管理が大事

収支を管理しよう

✓帳簿をつけて収支をしっかり、効率的に管理しよう

フリーランスは、会社に勤めている時とは違い、収入が不安定になりがちです。そのため、収入と支出の管理がとても大切になります。と言っても、お金の管理に時間がかかり過ぎたら、本業に手が回らなくなってしまうでしょう。効率的に管理することも重要です。

ポイントは、入金（取引先からの支払い）のスケジュールを把握すること。どこから、いつ、いくら入金されるかを予め把握しておきましょう。入金や経費の支払いは事業用口座にまとめて、管理しやすくすることも大切です。会計ソフトを活用して帳簿を付けることで、簡単かつ効率的に管理ができます。

帳簿を付けると、過去の収支をもとに予算を立てることもできます。支出のムダもチェックできます。ムダを削って、そのぶんをストックすれば、事業用の貯蓄ができ、いざというときや大きな高額な支出に充てることができます。

POINT!

- 収入が不安定だからこそ収支管理が重要
- 入金のスケジュールを把握する
- 帳簿をつければムダな支出を把握しやすい

収支管理のポイント

① 入金（支払い）のスケジュールを把握

どの取引先から、いつ支払いがあるかを把握する

② 入金、経費の支払いは仕事用口座にまとめる

仕事に関連した収支を管理しやすくする

③ 帳簿を付ける

帳簿を付けることで収支管理が効率的にできる
会計ソフトを活用すれば簡単に帳簿を付けられる

④ 予算を立てる

過去の支払いを基に必要経費の予算を立てる
予算を立てることで使いすぎを防げる

⑤ 事業用資金を積み立てる

急な支出や大きな支払いに対応できるよう、資金を積み立てる

帳簿（単式簿記）をつけて月々の収支を管理する

●単式簿記ではお金の増減を記録する

日 付	項 目	摘 要	収 入	支 出	残 高
2月1日	前月からの繰越	A株式会社			100,000円
2月10日	交通費	JR		4,000円	56,000円
2月25日	A社入金	売上	400,000円		410,000円
2月27日	住居費	2月分家賃		90,000円	320,000円
2月27日	水道光熱費	2月分電気代		9,000円	311,000円
⋮					

簿記のポイントは **どんなお金が**
どのくらい をわかるように記録すること

#9

所得税

フリーランスこそお金の管理が大事

所得税の決まり方

✓ 1年間に得た所得の合計額にかかる税金

「所得税」は、1月1日から12月31日までの1年間に得た所得の合計金額にかかる税金のことです。

所得は、「売上」から「必要経費」を引いた金額で、その金額から「所得控除」を差し引いた「課税所得」に対して所得税がかかります。所得控除には１１４～１１５ページのようなものがあり、人によって差し引ける控除が異なります。

所得税を計算する際には、「課税所得」の金額に、課税所得金額に応じて段階的に決まっている「所得税率」をかけ算し、控除額を差し引きます。

例えば、課税所得金額が５００万円の場合、１１３ページ下図を見ると、税率は20%、控除額は42万７５００円であることがわかります。そこで、５００万円に20%をかけ算し、そこから42万７５００円を引いた57万２５００円が、その年に支払う所得税の金額になります。

POINT!

所得税は1年間の所得の合計にかかる税金

「所得金額」から「所得控除」を差し引いた「課税所得」に対して所得税がかかる

所得税の決まり方

ここまでは所得

売上 − **経費** − **いろいろな控除** ＝ **課税所得**

- 売上：振り込まれた金額＋源泉徴収で引かれた金額
- いろいろな控除：控除を差し引くと課税所得に
- 課税所得：課税所得に所得税がかかる

所得税は、1月1日から12月31日までの「売上」から、事業に必要な「経費」を差し引き、さらに「所得控除」を引いて計算する「課税所得」に対してかかる。

所得税額の決まり方

課税所得金額 × **税率** − **控除額** ＝ **所得税額**

所得税額は、「課税所得」の金額に、課税所得金額に応じて段階的に決まる「所得税率」をかけ算し、そこから控除額を差し引いて計算される。

所得税の速算表

課税所得金額	税率	控除額
195万円以下	5％	0円
195万円超330万円以下	10％	9万7500円
330万円超695万円以下	20％	42万7500円
695万円超900万円以下	23％	63万6000円
900万円超1800万円以下	33％	153万6000円
1800万円超4000万円以下	40％	279万6000円
4000万円超	45％	479万6000円

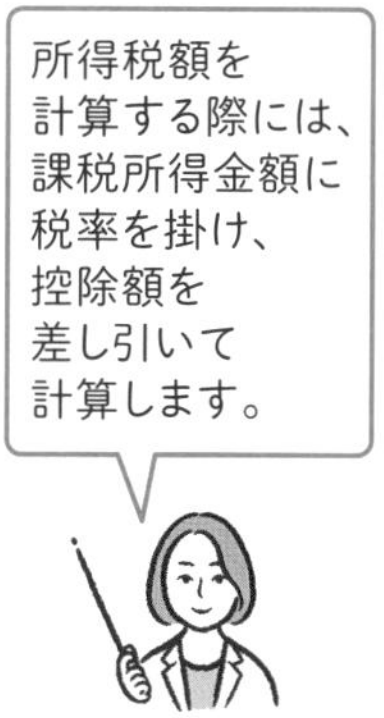

例 課税所得金額500万円の場合
・税率は20％
・控除額は42万7500円

500万円×20％−42万7500円＝57万2500円

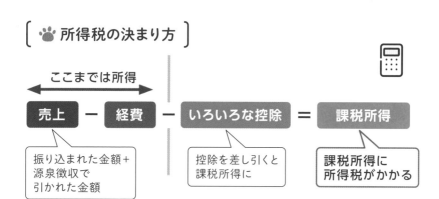

所得控除にはこんなものがある

<table>
<tr><th>控除の種類</th><th>どんな場合に適用されるか</th><th>控除額</th></tr>
<tr><td>基礎控除</td><td>合計所得金額が2500万円以下の納税者なら、原則として誰でも適用される控除</td><td>
<table>
<tr><th>合計所得金額（所得金額）</th><th>控除額</th></tr>
<tr><td>2400万円以下</td><td>48万円</td></tr>
<tr><td>2400万円超
2450万円以下</td><td>32万円</td></tr>
<tr><td>2450万円超
2500万円以下</td><td>16万円</td></tr>
<tr><td>2500万円超</td><td>0円</td></tr>
</table>
</td></tr>
<tr><td>配偶者控除</td><td>納税者と生計を同じくする、民法上の配偶者で、配偶者の年間合計所得金額が48万円（給与のみの場合は給与収入が103万円）以下の場合。納税者の合計所得金額が1000万円超の場合は0円</td><td>
<table>
<tr><th rowspan="2">控除を受ける納税者本人の合計所得金額</th><th colspan="2">控除額</th></tr>
<tr><th>一般の控除対象配偶者</th><th>老人控除対象配偶者</th></tr>
<tr><td>900万円以下</td><td>38万円</td><td>48万円</td></tr>
<tr><td>900万円超
950万円以下</td><td>26万円</td><td>32万円</td></tr>
<tr><td>950万円超
1000万円以下</td><td>13万円</td><td>16万円</td></tr>
<tr><td>1000万円超</td><td>0円</td><td>0円</td></tr>
</table>
</td></tr>
<tr><td>配偶者特別控除</td><td>生計を同じくする、民法上の配偶者で、配偶者の合計所得金額が48万円超133万円以下の場合。納税者の合計所得金額が1000万円超の場合は0円</td><td>1万円〜38万円
（納税者と配偶者の合計所得額で決まる）</td></tr>
<tr><td>扶養控除</td><td>生計を同じくする16歳以上（その年の12月31日現在）の親族がいる場合で、該当する親族の年間合計所得金額が48万円以下の場合</td><td>38万円〜63万円
（扶養親族の年齢や同居の有無で異なる）</td></tr>
<tr><td>ひとり親控除</td><td>納税者がひとり親であり、生計を同じくする子どもがいて、合計所得金額が500万円以下の場合。子どもの総所得金額等が48万円以下で、他の人の同一生計配偶者や扶養親族になっていない場合に限られる</td><td>35万円</td></tr>
</table>

控除の種類	どんな場合に適用されるか	控除額
寡婦控除	寡婦（夫や妻と死別、もしくは離婚した後に婚姻をしていない）で、ひとり親に該当しない場合	27万円
勤労学生控除	納税者自身が勤労学生で、合計所得金額が75万円以下で、しかも勤労による所得以外の所得が10万円以下の場合	27万円
障害者控除	納税者自身、同一生計配偶者または扶養親族が所得税法上の障害者に当てはまる場合	1人につき27万円 （特別障害者40万円、同居特別障害者75万円）
医療費控除	医療費を支払った場合 （家計を同じくする家族単位）	支払った医療費（最高で200万円）−保険金などで補填される金額−10万円 ※総所得金額が200万円未満の場合は総所得金額等の5%
	［医療費控除の特例］ セルフメディケーション税制	対象医薬品の購入費−1万2000円＝所得控除額 （1万2000円超部分について、上限8万8000円の医療費控除）
社会保険料控除	国民健康保険や国民年金など、公的な保険料の全額（家計を一にする家庭単位）	その年に払った金額
小規模企業共済等掛金控除	小規模企業共済の掛金やiDeCoなど「確定拠出年金法」に規定する個人型年金の掛金の全額	その年に払った金額
生命保険料控除	民間の保険会社の生命保険料、介護医療保険料、個人年金保険料を支払った場合	最高12万円
地震保険料控除	民間の保険会社に地震保険料を支払った場合	最高5万円
寄附金控除	ふるさと納税など「特定寄附金」を行った場合	下記①か②のいずれか低い金額ー2000円 ①その年に支出した特定寄附金の額の合計額 ②その年の総所得金額等の40%相当額
雑損控除	盗難や災害、横領などで損害を受けた場合	下記の①か②のいずれか多い方の金額 ①（損害金額+災害等関連支出の金額-保険金等の額）ー（総所得金額等）×10% ②（災害関連支出の金額ー保険金等の額）ー5万円

#10
住民税

フリーランスこそお金の管理が大事

住民税の決まり方

地方自治体の公共サービスをまかなうお金

住民税は、地方自治体が提供する教育や福祉、ゴミ処理などの公共サービスをまかなうために使われ、「市区町村民税」と「都道府県民税」に分かれます。と言っても、この２つを合算して納税するため、税金を納める人がその違いを意識する必要はありません。また、住民税には個人が負担する「個人住民税」と、会社などの法人が負担する「法人住民税」がありますが、ここでは個人住民税について説明しています。

個人住民税には、所得割と均等割があります。このうち所得割は前年の所得に応じて決まり、都道府県民税４％と市区町村民税６％の合わせて10％を負担します（１１７ページ参照）。均等割は、都道府県民税１５００円と市区町村民税３５００円の合わせて５０００円を負担します。なお、２０２４年以降は均等割が４０００円となり、「森林環境税」を１人あたり１０００円も負担します。

POINT!

住民税は公共サービスに使われる

前年の所得に応じて決まる所得割と
均等に負担する均等割がある

個人住民税の所得割と均等割

個人住民税

- **所得割**
  10%
  (都道府県民税4%、市区町村民税6%)
  所得に応じた負担。前年の1月1日～12月31日の所得に対して課税される
- **均等割**
  5000円※
  (都道府県民税1500円、市区町村民税3500円)
  「地域社会の会費」的なものとして定額で課税される

※2014年から2023年まで。2024年以降は「均等割」が4000円となるほか、「森林環境税」が1人あたり年額1000円課税される

個人住民税額の計算方法

所得割額　前年の課税所得金額 × 税率10% − 個人住民税の税額控除

＋

金等割額　5000円

＝

個人住民税額

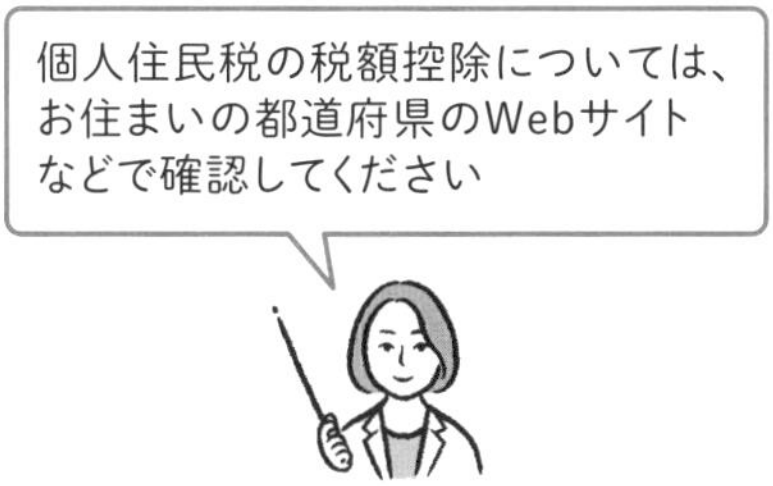
個人住民税の税額控除については、お住まいの都道府県のWebサイトなどで確認してください

税額控除の主なもの

- (特定増改築等) 住宅借入金等特別控除
- 配当控除
- 外国税額控除
- 政党等寄附金特別控除
- 住宅借入金等特別控除
- 住宅特定改修特別税額控除
- 高度省エネルギー増進設備等を取得した場合の所得税額の特別控除
- 中小事業者が機械等を取得した場合の所得税額の特別控除

#11

納税

フリーランスこそお金の管理が大事

税金はどうやって払う?

✓税金の種類によって納付期限、納め方が異なる

フリーランスが納める税金の種類には、「所得税」「個人住民税」「消費税」「個人事業税」があります。このうち所得税は、1年間の所得に課税される税金です。毎年2月16日から3月15日の間に確定申告を行い、その期間中に、口座振替やインターネットバンキング、スマホアプリ、コンビニ納税などの方法で支払います。

個人住民税は、地方自治体が徴収する税金で、年1回か、年4回に分割して払います。支払い方法は１１９ページの図表を参照してください。

消費税は、商品や製品、サービスの提供などの取引に広く課税される税金で、消費者が負担し、事業者が納付します。1月1日から12月31日までの期間の消費税を、翌年の3月31日までに支払います。個人事業税は、国が定める特定の業種に該当する場合に納める地方税で、前年の所得に応じて税額が決まります。ただし、年間の事業所得が２９０万円以下の場合にはかかりません。

POINT!

税金の種類によって納付時期や納め方が異なる

個人事業税は特定の業種を営む事業者が払う

フリーランスが納める税金の種類と納める時期

	納める時期	納め方
所得税 1年間の所得に課税される税金	毎年2月16日～3月15日	振替納税（預金口座から振替）、ダイレクト納税（e-Tax）、インターネットバンキング納付、クレジットカード納付、スマホアプリ納付、コンビニ納付、窓口納付（金融機関、税務署）
個人住民税 都道府県や市町村が徴収する税金	年1回（一括）か年4回（分割）を選択 ・年1回：6月末 ・年4回：6月末・8月末・10月末・1月末	振替納税、インターネットバンキング、クレジットカード納付、スマホアプリ納付、コンビニ納付、窓口納付
消費税 商品や製品、サービスの提供などの取引に課税される税金	毎年3月31日まで	電子納税（e-Tax）、振替納税、クレジットカード納付、コンビニ納付、窓口納付
個人事業税 国が定める特定の業種を営む事業者に課税される地方税。税率は業種や自治体で異なる	年1回（一括）か年2回（分割）を選択 ・年1回：8月末 ・年2回：8月末・11月末	振替納税、クレジットカード納付、スマホアプリ納付、コンビニ納付、、金融機関ATM納付（ペイジー対応）、窓口納付

個人事業税の税率は、業種や自治体で異なります。
お住まいの地域のWebサイトなどで詳細を確認してください

#12 インボイス制度

フリーランスこそお金の管理が大事

インボイス制度って何？

✓正確な適用税率や消費税額を伝える制度

「インボイス制度」は、売り手（受注者）が買い手（発注者）に対して、正確な適用税率や消費税額などを伝える制度で、2023年10月1日から始まりました。正式名称を「適格請求書等保存方式」といいます。

インボイス制度で起きる変化には、①適格請求書がないと仕入税額控除ができなくなる（経過措置あり）、②適格請求書を発行できるのは「適格請求書発行事業者」のみ、③免税事業者からの仕入れは、原則として仕入税額控除ができなくなる、④適格請求書は、要件を満たした記載が必要になる、⑤売り手も買い手も適格請求書または適格請求書の控えの保存が必要、などがあります。なかでも、発注者にとっては、仕入れや経費で支払った消費税を、売上げで受け取った消費税から差し引く「仕入税控除」ができるかどうかは大きな問題です。自分や取引先への影響を考えたうえで、インボイス制度へ対応することが重要になります。

POINT!

インボイス制度は正確な適用税率や消費税額などを伝える制度

2023年10月1日から始まっている

インボイス制度の"キモ"、仕入税控除のしくみ

仕入税控除	仕入れや経費で払った消費税を、 売上げで受け取った消費税額から差し引くこと

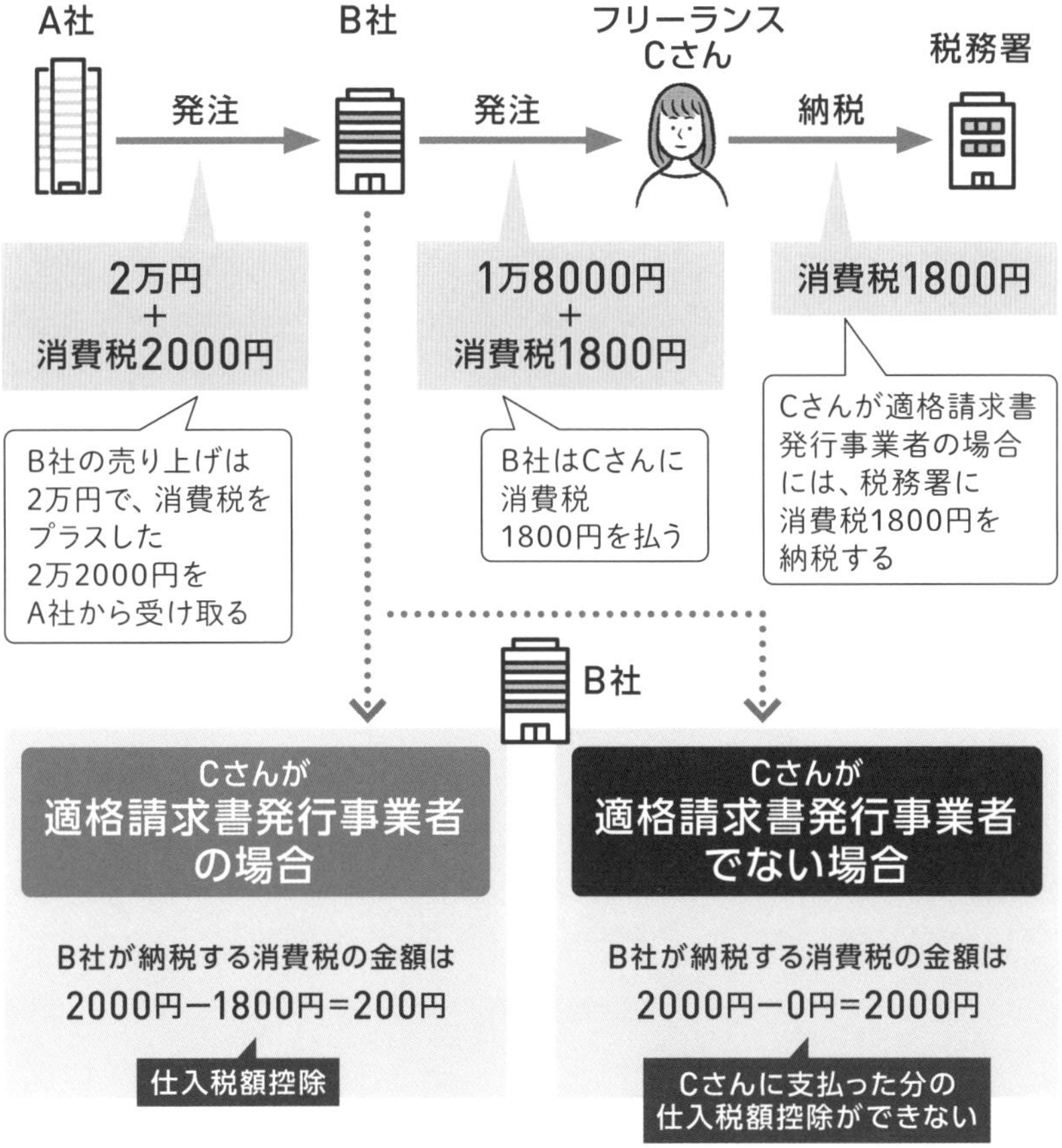

A社
B社
フリーランス
Cさん
税務署
発注
発注
納税
2万円
+
消費税2000円
1万8000円
+
消費税1800円
消費税1800円
B社の売り上げは
2万円で、消費税を
プラスした
2万2000円を
A社から受け取る
B社はCさんに
消費税
1800円を払う
Cさんが適格請求書
発行事業者の場合
には、税務署に
消費税1800円を
納税する
B社
Cさんが
適格請求書発行事業者
の場合
B社が納税する消費税の金額は
2000円−1800円=200円
仕入税額控除
Cさんが
適格請求書発行事業者
でない場合
B社が納税する消費税の金額は
2000円−0円=2000円
Cさんに支払った分の
仕入税額控除ができない

Cさんが適格請求書発行事業者
(インボイス事業者)でない場合、
取引先は仕入れ税控除ができず、
負担する税金が大きくなります

#13 インボイス制度

フリーランスこそお金の管理が大事

インボイス制度でフリーランスが受ける影響

✓手取りが減り、事務処理が煩雑になる可能性も……

インボイス制度でフリーランスはどのような影響を受けるのでしょうか。

インボイスを発行する「適格請求書発行事業者」になった場合、消費税の対象になる売上高の合計である「課税売上高」の金額に関係なく、消費税の申告、納税が必要になります。そのため、消費税の納付義務がない免税事業者だった人の場合、これまでは受け取っていた消費税を申告、納税することになり、手取りが減る可能性があります。事務処理が煩雑になるという影響もあります。

ですが、取引先にとっては、「適格請求書発行事業者」との取引は、支払った報酬が「仕入税額控除」の対象なので、安心して取引ができます。言い換えると、「適格請求書発行事業者」でないと、「仕入税額控除」ができず、納税額が増えるため、取引そのものを取りやめる可能性もあります。今後、事業を拡大したい人や、取引先に課税事業者が多い人は、インボイスに対応するべきでしょう。

POINT!

- インボイスに対応すると手取りが減る可能性も
- 請求書の記載項目が増えて事務処理が煩雑になる
- 取引先は「仕入税額控除」が使える

免税業者、課税事業者のどちらになるか？

	免税事業者を継続	課税事業者に切り替え
どんな人が選択する？	・取引先は課税事業者ではない個人事業主が多い ・取引先は免税事業者が多い	・取引先は課税事業者が多い ・今後事業拡大していきたい
メリット	・消費税を納税する必要はない ・売上げが下がらなければ収入を維持できる	・取引先の仕入税額控除の対象になるので、安定的に取引できる ・納税額を売上税額の2割に軽減する負担軽減措置を3年間受けられる
デメリット	・仕入税額控除の対象にならず、消費税分の値引きを要求される可能性がある ・課税事業者（適格請求書発行事業者）との競合に負ける可能性がある	・消費税の納税義務が発生するため、手取りが減る ・従来の請求書より記載項目が増え、経理が複雑になる

インボイス制度でフリーランスが受ける影響

免税業者のままだと

仕事が減ることも

免税事業者のままでいたり、インボイスが発行できないと、取引先企業からの仕事が減る可能性がある

課税業者になると

手取りが減る

適格請求書発行事業者になった場合、消費税の納税の分だけ手取りが減る

事務処理が複雑

適格請求書発行事業者になった場合、消費税の申告のための事務処理が煩雑になる

取引先や仕事が減ることを考えたら、適格請求書発行事業者になることを選んだほうがいいでしょう

#14
インボイス制度

フリーランスこそお金の管理が大事

インボイス制度の経過措置

✓インボイス開始から３年間、消費税納税額を２割にできる

インボイス制度のスタートに伴って、免税事業者からインボイス発行事業者として課税事業者になった場合、「課税売上高」の金額に関係なく、消費税を納税することになります。その負担を軽減するため、２０２６年９月30日までの３年間は、売上げにかかる消費税額の２割を納める「２割特例」が設けられています。この特例は、事前の手続きなしに受けられます。ただし、２割特例の期間中に課税売上高が１０００万円を超えたり、インボイス制度の開始前から課税事業者だった人は、特例を受けられません。

インボイス登録をした事業者は、特定の取引がインボイスの対象外になるほか（１２５ページ下図参照）、会計ソフトを導入した場合に受けられる補助金もあります。なお、免税事業者だった人は、２０２３年９月30日までにインボイス登録を申請すれば、10月１日から登録を受けることができます。

POINT!

- 2026年9月30日までは「2割特例」がある
- 特定の取引はインボイスの対象外
- 会計ソフト導入の補助金がある

インボイス制度の経過措置

納税額を売上税額の2割にできる

〈対象となる事業者の区分〉

免税事業者からインボイス登録した事業者

〈備考〉

2023年10月1日～2026年9月30日の期間

特定の取引を対象外にする（※1）

〈対象となる事業者の区分〉

免税事業者および課税事業者からインボイス登録した事業者

会計ソフトの導入に対する補助金

〈対象となる事業者の区分〉

免税事業者および課税事業者からインボイス登録した事業者

〈備考〉

ソフトウエア購入は最大1/2、クラウド型導入の場合は最大2年分の利用料が補助される
（上限450万円）

登録申請の期限延長

〈対象となる事業者の区分〉

免税事業者からインボイス登録した事業者

〈備考〉

2023年9月30日までに申請すれば、2023年10月1日から登録を受けられる

（※1）インボイスが不要な取引

- 3万円未満の公共交通機関（船舶・バス・鉄道）を利用した際の乗車券
- 3万円未満の自動販売機や自動サービス機でのジュースなどの購入
- ポスト投函での郵便サービスの利用
- 出入口で回収される入場券など
- 従業員に支給する通常必要と認められる日当や宿泊費などに関わる出張旅費等
- インボイス発行事業者でない者からの再生資源などの購入
（購入者の棚卸資産に限る）
- 古物商で、かつインボイス事業者でない者から購入した小物
（古物商などの棚卸資産に限る）

ほか

#15
税金・
社会保険料

フリーランスこそお金の管理が大事

税金・社会保険料は別口座にストックしておこう

✓フリーランスは自分で税金や社会保険料を納める

96ページで、フリーランスは事業用とプライベート用の銀行口座を分けたほうがいいことを説明しました。この2つのほかに、税金や社会保険料を支払う口座も用意しておきましょう。

会社員の場合には、給料の額面金額から、税金や社会保険料を差し引いた金額(手取り金額)が銀行口座に振り込まれます。つまり、会社が、社員一人ひとりの納税額や社会保険料額を計算して、支払いまでしてくれているのです。

フリーランスの場合には、自分で税金を計算して納税したり、社会保険料を納めたりする必要があります。しかも、どちらも、そこそこの金額だったりもします(127ページ下図参照)。その時になって「支払いに充てるお金がない」なんてことにならないよう、税金や社会保険料額をざっくりと計算しておいて、別口座にストックしておきましょう。

POINT!

- 会社員は会社が納税してくれる
- フリーランスは自分で納税することが必要
- 使い込まないよう、別口座に貯めておこう

フリーランスの手取り収入

フリーランスの手取り ＝ **売上金額** － **経費** － **税金** － **社会保険料**

経費：事業を続けるために必要なお金

税金：必ず払わなければならない

社会保険料：健康保険料や国民年金保険料

「売上金額＝手取り金額」ではないことを理解し、税金や社会保険料は別口座で管理します。

銀行引き落としで支払う場合は、この口座から引き落とすよう設定しましょう。

売上500万円の税金の目安

例 年間売上500万円、必要経費100万円のフリーランスの場合
〈38歳、独身、生命保険料なし、青色申告特別控除65万円として試算〉

売上金額		500万円
経費		100万円
税金	所得税	約14万円
	住民税	約24万円
	個人事業税	約6万円
社会保険料	国民健康保険	約33万円
	国民年金	約20万円
手取り		約303万円

税金〜国民年金：きちんと払えるよう、税金・保険用口座に、この金額をストックしておこう

手取り：ここが生活費として使えるお金

税金を払わないと……

延滞金が課されるだけでなく、給与や預貯金、不動産などの差し押さえ、差し押さえた財産の換金（公売など）の滞納処分を受ける場合がある

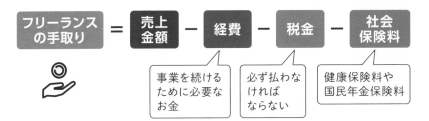

#16

確定申告

フリーランスこそお金の管理が大事

損をしない確定申告のツボ

✓確定申告をすることで得られるメリットがある

確定申告は、1年間の収支から所得税を計算して、翌年の2月16日から3月15日の間に申告、納税する手続きです。会社員の場合は会社が所得税額を計算し、納税してくれますが、フリーランスは自分で計算して、申告、納税します。

面倒な作業ですが、確定申告で得られるメリットもあります。例えば、所得控除や税額控除を申告することで納税額を軽減できます。源泉徴収で徴収され過ぎた所得税を還付される場合もあります。青色申告の場合には、赤字になると翌年から3年間、所得から赤字分を相殺する「繰越控除」ができ、所得税額を減らせます。確定申告の控えを収入証明書として利用できるメリットもあります。

なお、副業で得た所得が20万円を超える場合も確定申告が必要です。20万円以下でも、副業の報酬から源泉徴収されている場合には、確定申告することで源泉徴収された所得税の一部が戻ってくる可能性があります。

POINT!

- 確定申告は所得や所得税額を申告、納税する手続き
- 所得控除や税額控除を申告すると納税額を軽減できる
- 徴収され過ぎた源泉所得税が戻ることも

フリーランスが確定申告をするメリット

控除を利用して節税できる

所得控除、税額控除をしっかり申告することで納税額を軽減できる

源泉徴収された所得税の還付金を受け取れる（職業などによる）

売上げから源泉徴収で所得税を差し引かれて入金される場合は、確定申告で所得税が還付される場合もある

青色申告なら3年間赤字を繰り越せる

赤字になった場合、翌年から3年間に渡って「繰越控除」ができる。翌年の所得から、赤字分を相殺できるため、所得税を減らすことができる

確定申告の控えが役立つことがある

確定申告書の控えを収入証明書の代わりに利用できる

青色申告特別控除の要件

	不動産所得または事業所得を得ている	複式簿記で記帳	確定申告書類を期限内に提出	e-Tax（国税電子申告・納税システム）で申告
控除額65万円	○	○	○	○
控除額55万円	○	○	○	―
控除額10万円	―	簡易簿記、損益計算書のみ提出	―	―

青色申告では、最大65万円の青色申告特別控除を受けることができます。その要件は上図の通り。大変ですが、がんばって65万円の控除を受けましょう。

#17 源泉徴収

フリーランスこそお金の管理が大事

源泉徴収って何？

✓会社が納税者本人に代わって納税するしくみ

源泉徴収は、給与や報酬を支払う会社が、給与や報酬を支払う時に、所得税などを差し引いて国などに納付する制度です。給与明細や支払い明細などには「所得税」あるいは「源泉徴収」として記載されます。

フリーランスなど、所得税法で定められた職業に該当する個人事業主に報酬を支払う場合には、一般的に支払金額の10・21％を所得税として源泉徴収し、徴収した会社が税務署に納付する義務を負うことになります。

とはいえ、源泉徴収された所得税の金額と、実際に支払うべき金額は、その年（1月1日から12月31日の期間）にいくら収入を得たかによって変わってきます。その差額を調整するために、会社員や公務員の場合には年末調整、フリーランスなどの場合には確定申告が設けられています。なお、源泉徴収の対象になるものには、131ページ下図のようなものがあります。

POINT!

- 納税者の代わりに会社が納税するしくみ
- 源泉徴収額と実際に支払う金額の差額は年末調整や確定申告で調整する

源泉徴収とは

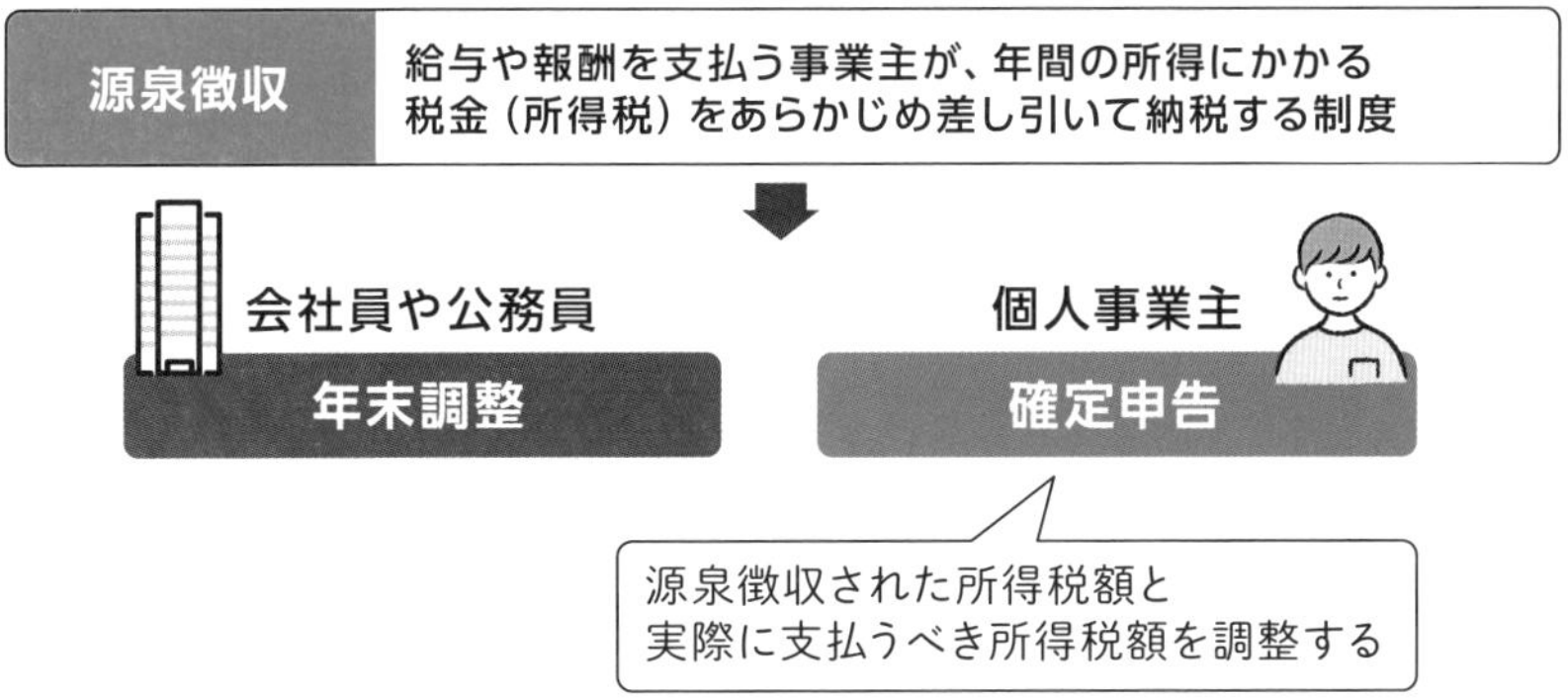
源泉徴収
給与や報酬を支払う事業主が、年間の所得にかかる税金（所得税）をあらかじめ差し引いて納税する制度
会社員や公務員
年末調整
個人事業主
確定申告
源泉徴収された所得税額と実際に支払うべき所得税額を調整する

源泉徴収の対象になるもの

- 給与所得
- 原稿料や講演料など
- 弁護士、公認会計士、司法書士等の特定の資格を持つ人などに支払う報酬・料金
- 社会保険診療報酬支払基金が支払う診療報酬
- プロ野球選手、プロサッカーの選手、プロテニスの選手、モデルや外交員などに支払う報酬・料金
- 映画、演劇その他芸能（音楽、舞踊、漫才等）、テレビジョン放送等の出演等の報酬・料金や芸能プロダクションを営む個人に支払う報酬・料金
- ホテル、旅館などで行われる宴会等において、客に対して接待等を行うことを業務とするいわゆるバンケットホステス・コンパニオンやバー、キャバレーなどに勤めるホステスなどに支払う報酬・料金
- プロ野球選手の契約金など、役務の提供を約することにより一時に支払う契約金
- 広告宣伝のための賞金や馬主に支払う競馬の賞金

出所：国税庁Webサイト「源泉徴収が必要な報酬・料金等とは」

#18
帳簿（複式簿記）

フリーランスこそお金の管理が大事

帳簿（複式帳簿）の付け方を覚えよう

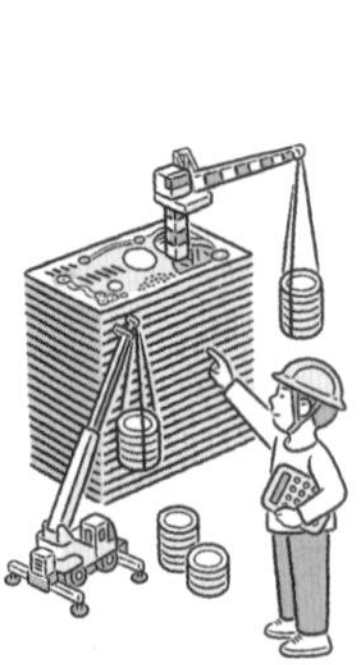

✓「複式帳簿」では、取引を「原因」と「結果」の二面的に捉える

フリーランスとして独立すると、日々のお金の動きを把握することはもちろん、確定申告するためにも帳簿を付けることが必要になります。帳簿には、お金の増減だけを記録する「単式（簡易）簿記」と、お金の出入りを「原因」と「結果」の2つの面に分けて捉え、両方の面からお金の動きを記録する「複式簿記」があります（134～135ページ参照）。

青色申告を選択し、最大65万円の青色申告特別控除を受けるには、「複式簿記」による記帳が必要です。その際、「主要簿」と呼ばれる、すべての取引について内容が分かるよう、「売上」「仕入」「現金」など勘定科目ごとにまとめた「総勘定元帳」と、すべての取引を日付順に記録した「仕訳帳」を付けることになります。また、より詳しい取引内容を記録する「補助簿」は、青色申告はもちろん、白色申告の場合でも必要です。

POINT!

- 帳簿には複式帳簿と単式帳簿がある
- 複式帳簿では、お金の動きを二面的に捉える
- 青色申告特別控除を受けるには複式帳簿が必須

帳簿って何だろう？

帳簿	事業に関する取引やお金の流れを記録する帳面や台帳

帳簿の種類

主要簿

総勘定元帳	発生したすべての取引を勘定項目ごとにまとめたもの。勘定項目の増減、残高がわかる
仕訳帳	発生したすべての取引を日付順に記載した帳簿。「借方」「貸方」に分けて記載する

補助簿

補助記入帳	**現金出納帳**	現金のやりとりをまとめたもの。入金伝票や出金伝票から転記する
	預金出納帳	銀行預金のやりとりをまとめたもの
	固定資産台帳	減価償却する固定資産（パソコンや車など）を入力して管理するもの
	売掛帳	取引先別に売掛金に関する取引を記入、管理するもの
	買掛帳	取引先別に買掛金に関する取引を記入、管理するもの
補助元帳	**商品有高帳**	社内に残っている在庫を商品種別ごとに記録する帳簿
	仕入先元帳	仕入先の仕入れや出金明細を、月次計、伝票計、明細表の形式で記録
	得意先元帳	得意先の売上げ、入金明細を、月次計、伝票計、明細表の形式で記録

2024年1月1日からは、電子帳簿保存法により、帳簿、領収証、請求書などの書類を電子データで保存することが義務化されます

複式簿記って何だろう？

複式簿記	取引の原因と結果を記録する →取引を二面的に捉えて記録する

単式簿記と複式簿記の関係

単式簿記で記録すると…

	日付	項目	摘要	収入	支出	残高
❶	2月10日	食費	A商店		4,000円	56,000円
❷	2月25日	売上	B社入金	400,000円		410,000円
❸	2月27日	住居費	3月分家賃		90,000円	320,000円
❹	2月27日	水道光熱費	2月分電気代		9,000円	311,000円
	⋮					

取引を2面的に捉えると

❶ 食費を払った
- 原因　A商店で食品を買い4,000円払った
- 結果　現金が4,000円減った

❷ 売上が入った
- 原因　売上が400,000円普通預金口座に振り込まれた
- 結果　普通預金が400,000円増えた

❸ 家賃を払った
- 原因　家賃90,000円が普通預金から引き落とされた
- 結果　普通預金が90,000円減った

❹ 電気代を払った
- 原因　電気代9,000円が普通預金から引き落とされた
- 結果　普通預金が9,000円減った

複式簿記で記録すると…

	日付	借方		貸方	
❶	2月10日	食費	4,000円	食費	4,000円
❷	2月25日	普通預金	400,000円	B社入金	400,000円
❸	2月27日	住居費	90,000円	3月分家賃	90,000円
❹	2月27日	水道光熱費	9,000円	2月便電気	9,000円

複式簿記は取引を「原因」と「結果」の二面的に捉え、
両方を記録します

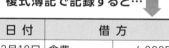

仕訳帳の記入例

日付	借方勘定科目	借方金額	貸方勘定科目	貸方金額	摘要
7月4日	会議費	3,000	現金	3,000	A社との打ち合わせ
7月15日	現金	250,000	普通預金	250,000	現金の引出し
7月17日	仕入	200,000	買掛金	200,000	パソコンの仕入れ

取引を「借方（かりかた）」と「貸方（かしかた）」に分けて、日付順に記載します。現金などの資産が増える場合は「借方」、資産が減る場合は「貸方」と覚えるといいですよ

総勘定元帳の記入例

例 7月20日にパソコン1台20万円が現金で売れた

仕訳帳

日付	借方		貸方		摘要
7月20日	現金	200,000	売上	200,000	売掛金回収

「現金」の動きをまとめた帳簿

7月20日以前の取引での現金の残高

総勘定元帳：現金

日付	相手勘定科目	摘要	仕丁	借方金額	貸方金額	残高
前回までの取引						100,000
7月20日	売上	パソコン	1	200,000		300,000

「売上」をまとめた帳簿

7月20日以前の取引での現金の残高

総勘定元帳：売上

日付	相手勘定科目	摘要	仕丁	借方金額	貸方金額	残高
前回までの取引						250,000
7月20日	現金	パソコン	1		200,000	450,000

「仕訳帳」は特定の日の取引をすべて確認できる帳簿、「総勘定元帳」は「現金」や「売上」など勘定科目ごとに、取引の発生日や取引の内容、残高を確認できる帳簿です

#19

決算

フリーランスこそお金の管理が大事

決算ってどうするの?

✓1年間の収支や利益、資産、負債を確定すること

決算とは、一定期間の収益（売上金額）と必要経費から利益を計算することです。その期間の日々のお金の動きと、それによって得た利益はもちろん、どのような資産（財産）や負債（借金）がどのくらいあるなどについても確定します。

法人の場合には、「一定期間」をいつからいつまでにするか、自由に決められますが、フリーランスの場合は税法で、毎年1月1日から12月31日までの1年間で会計を行うことが決められています。この期間を「会計期間」と呼びます。つまり、フリーランスの場合には、毎年12月が1会計期間の最終月にあたる「決算月」になります。

決算は、会計期間を第1四半期、第2四半期、第3四半期、第4四半期の4つに分けて決算を行う「四半期決算」で行い、決算月にその会計期間全体の決算を確定します。できれば開業1年目に収支がプラスになることを目指しましょう。

POINT!

- フリーランスは毎年12月が決算月
- 1年間の収支や資産、負債を確定する
- 1年を4つに分け、四半期ごとに収支を確認

決算とは？

決算	事業の会計期間における収益や費用を計算し、決算日時点での資産や負債、純資産などの状況を確定させること

法人の場合は、事業年度を自由に設定できますが、個人事業主は、税法で毎年1月1日～12月31日までの1年間で会計を行うことが決められています

フリーランスの決算月

フリーランスの決算月は12月 → 1月1日～12月31日が会計期間

事業年度の途中（第2四半期）は収支がマイナスだったけれど、1年を通してみればプラスに

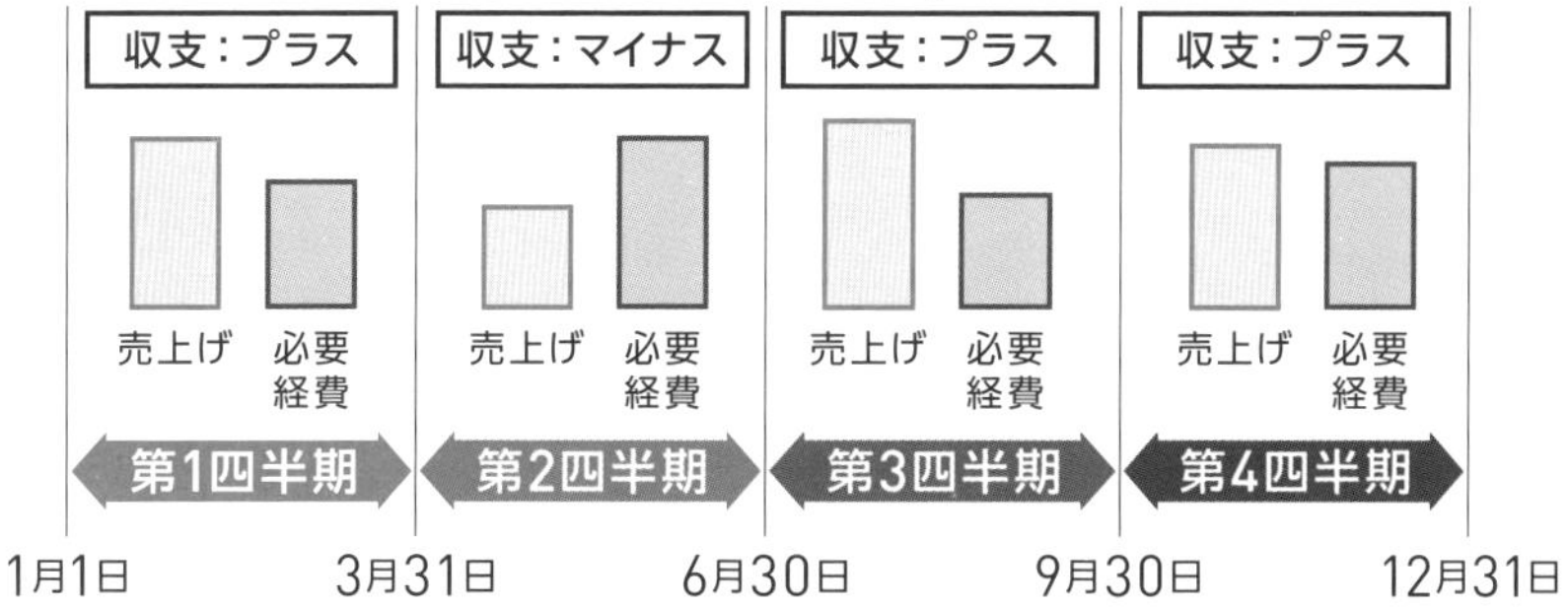

季節によって収入が異なることもあります。四半期ごとに収支を確認し、事業の状況を把握しておきましょう

できれば開業1年目に収支がプラスになるようにしましょう。なお、青色申告者は、赤字が出た場合、最長3年間赤字を繰り越すことができます

#20

決算書

フリーランスこそお金の管理が大事

決算書の読み方・書き方

✓ 1年間の収益、費用、利益がわかる

青色申告の際には、確定申告書、青色申告決算書、その他の添付書類を提出することが必要です。このうち「青色申告決算書」は、「損益計算書（P／L）」と「貸借対照表（B／S）」からなります。ちなみに、損益計算書と貸借対照表、そして1年間のお金の流れを表す「キャッシュフロー計算書（C／S）」を「財務三表」と言い、読み方・書き方を知っておく必要があります。

このうち、「損益計算書」は、1年間にいくら収益（売上高）をあげて、費用はいくらかかり、いくら利益をあげたのか（あるいは損をしたか）を表します。「貸借対照表」は、資産と負債、純資産から構成され、財政状態を表すものです。資産は財産の中身（お金の使い方）、負債は支払うお金（お金の集め方）、純資産は返済する義務のないお金で、資産と、負債と純資産の合計が一致するため「バランスシート」とも呼ばれます。

POINT!

- 損益計算書は1年間の収支を表す
- 損益計算書は財務状況を表す
- 青色申告には決算書づくりが必要

損益計算書の書き方

損益計算書（P/L）

収入はいくらか？ → 売上高

必要経費はいくらかかったか？ → 売上原価／販売費及び一般管理費

いくら儲かったか？ → 当期純利益

損益計算書（P/L）	
売上高	
売上原価	
売上総利益	❶「売上高」から商品などの原価を引いた金額で、「粗利益《あらりえき》」とも呼ばれる
販売費及び一般管理費	
営業利益	❷「売上総利益」から従業員の給料や販売費などを差し引いた金額で営業活動（本業）で得た利益を示す
営業外収益	
営業外費用	
経常利益	❸ 資産運用の収益など本業以外の活動での損益を反映した利益
特別利益	
特別損失	
税引前当期純利益	❹ 一時的な要因で生じた利益や損失を反映した利益
法人税、住民税及び事業税	
法人税等調整額	
当期純利益	❺「売上高」からさまざまな費用や利益、損失、法人税などを差し引いた、1年間の最終的な儲けを表す

決算書は、確定申告（2月16日～3月15日）までに作成して、確定申告書などと一緒に提出します

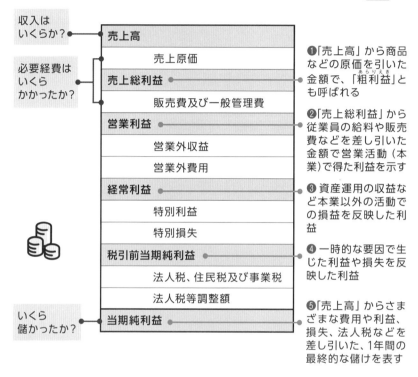

貸借対照表の書き方

貸借対照表（B/S）

どんな財産を持っているか？

返済する義務のあるお金

資産の部	負債の部
流動資産	流動負債
現金及び預金	買掛金
受取手形	短期借入金
売掛金	未払金
有価証券	前受金
製品	その他
原材料	固定負債
繰延税金資産	社債
貸倒引当金	長期借入金
固定資産	その他
有形固定資産	負債合計
建物	純資産の部
機械装置	株主資本
工具器具備品	資本金
土地	資本剰余金
無形固定資産	資本剰余準備金
のれん	利益剰余金
ソフトウエア	利益譲与準備金
投資その他の資産	その他利益譲与準備金
投資有価証券	繰り越し利益譲与準備金
関係会社株式	評価・換算差額等
その他	少数株主持ち分
貸倒引当金	純資産合計
資産合計	負債・純資産合計

負債合計：返済するお金がいくらあるか？

純資産の部：返済する義務のないお金

純資産合計：純資産がいくらあるか？

資産合計：資産がいくらあるか？

負債・純資産合計：返済するお金と返済の必要がないの合計

左側の「**資産の部**」は保有する財産の一覧（お金をどう使っているか）、右側の「**負債の部**」と「**純資産の部**」では、左側の資産をどう調達したのかを表します。

【キャッシュフロー計算書の書き方】

キャッシュフロー計算書（C/S）

	キャッシュフロー計算書（C/S）
本業で生じたお金の増減	**営業活動によるキャッシュフロー**
	税引前当期純利益
	法人税等の支払額
	減価償却費
	運転資本の増減額
	その他
設備投資や資産運用によるお金の増減	**投資活動によるキャッシュフロー**
	設備投資支出
	有価証券増減額
	定期預金の増減額
	その他
資金調達や融資の返済などによるお金の増減	**財務活動によるキャッシュフロー**
	借入金増減額
	配当資金支払額
	自己株式取得額
	その他
	換算差額ほか
	現金及び現金同等物増減額
「貸借対照表」の「現金及び預金」とほぼ同じ金額	**現金及び現金同等物残高** ← ほぼ同じ金額
	有利子負債残高

営業活動によるキャッシュフロー

⊕ プラスの場合
- 本業で稼げている
- 投資活動や財務活動に使える資金が潤沢

⊖ マイナスの場合
- 本業が不調
- 投資にまわす資金がなく、借金も返済できない

それぞれの項目がプラスかマイナスかに注目します

投資活動によるキャッシュフロー

⊕ プラスの場合
- 資金繰りが苦しく、資産を売ってお金に換えている可能性もある

⊖ マイナスの場合
- 設備投資を積極的に行っている

財務活動によるキャッシュフロー

⊕ プラスの場合
- 成長のための投資資金を借りている（ただし、資金繰りが苦しい場合は「悪い借金」の可能性もある）

⊖ マイナスの場合
- 順調に借金返済が進んでいる（ただし、借金して借金返済に充てている可能性もある）

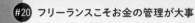

#21
キャッシュフロー

フリーランスこそお金の管理が大事

現金の流れを把握するキャッシュフローが大切

✓利益は出ているのに、手元に現金がないことも……

キャッシュフローは、お金の流れです。ここで言う「キャッシュ」は、普通預金や当座預金など手元にある現金を指します。

事業をするうえでは、さまざまなお金の出入りがあります。入ってくるお金には仕事の報酬など、出て行くお金には必要な備品の購入費用などがあるでしょう。これらのお金の出入りを「見える化」して、手元にキャッシュがいくらあるかを把握できるようにするのが「キャッシュフロー」の役割です。

事業を始めたばかりの頃は、設備投資に多くの現金を使ったり、資金的に余裕がないために、利益は出ている（黒字になっている）はずなのに、手元にお金がなく、事業を維持できないという事態に陥りがちです。その結果、事業が立ちいかなくなって倒産する「黒字倒産」が起きることもあります。そのため、起業したばかりの時には「キャッシュフローが大事」と言われます。

POINT!

- キャッシュフローでお金の流れを見える化
- 手元にキャッシュがいくらあるかを確認
- キャッシュがないと事業活動ができなくなる

キャッシュフローが悪化する原因とは？

	原因	解決策
1	**経営不振** 本業で得る収入よりも、費用がかさむ状態が続いて赤字になったことで、資金流出が続いている状態	売上げを増やす、経費を削減する
2	**売掛金の未回収** 取引先が倒産するなどの理由で、売掛金（まだ回収していない売上）を回収できず、手元に資金が入ってこない	できるだけ早く回収する
3	**在庫の増加** 仕入れた商品が予定通りには売れず、支払った費用を回収できないうえに、在庫商品を保管する倉庫代などがかさんで、資金繰りが悪化	売却して在庫を減らす
4	**過剰な設備投資** 現状のキャッシュフローを把握しないで設備投資をしたものの、思うように商品などが売れず、キャッシュフローが一気に悪化することも	身の丈にあった設備投資をする
5	**借入返済額が多い** 金融機関からの借入金が増えると、そのぶん、返済額も増加する。そのために資金繰りが悪化することが少なくない	必要に応じてリスケジュールする
6	**資金繰りの管理ができていない** 資金繰りをきちんと管理していないために、どんな状態かを把握できていず、資金繰りが悪化していることに気づけない	資金繰りを適切に行う

キャッシュフローを改善するには、資金繰りが悪化した原因を追求して適切に対処することが不可欠です

#22

法人

事業を成功させるポイント

個人事業主と法人の違い

✓社会的信用、社会保険、税金などから総合的に判断

個人事業主のまま事業を続けるか、それとも株式会社などの法人を設立するかは、設立や運営の手続きや税金、社会保険、経理事務、社会的信用などから総合的に判断して決めることになります。

１４５ページでは、個人事業主と法人の違いを紹介しています。例えば、税金について言うと、利益が少ない間は個人事業主のほうが税負担が少ないものの、利益が多くなると法人のほうが有利になることが多いようです。

社会保険については、個人事業主の場合、従業員が5人未満ならば事業者の社会保険料負担はありませんが、法人は社会保険料を従業員と折半する必要があります。ただし、厚生年金に加入できるなど将来への備えができたり、労災保険や雇用保険に加入でき、仕事上の病気やケガにも備えられます。

なお、社会的信用は、法人のほうが圧倒的に優れています。

POINT!

- 法人のほうが社会的信用が高い
- 利益が多くなると法人のほうが税負担が少ない
- 法人の従業員は社会保険に加入できる

個人事業主と法人の違い

個人事業主		法人
開業届を提出、 青色申告を希望する場合は 青色申告承認申請書も提出	設立（開業）までの手続き	会社登記（定款の作成、 会社印の用意、登記書類の 作成、申請）などが必要
0円 （開業準備のお金はかかる）	設立までにかかる費用	法定費用＋資本金 〈法定費用〉株式会社：約25万円 合同会社：約10万円
確定申告	会計・経理	法人決算 （法人決算書作成、申告）
・所得税 ・個人住民税 ・消費税 ・個人事業税 累進課税のため、利益が多いと税率が高くなる	税金	・法人税 ・法人住民税 ・法人事業税 ・消費税　など 利益が多い場合は個人事業主より税負担が少ない。ただし、赤字でも法人住民税の均等割がかかる
事業に関する費用は 基本的に計上できる	経費	事業に関する費用のほか、 自分の給与や退職金も 経費として計上できる
（青色申告の場合）3年	赤字の繰り越し	10年
所得控除	生命保険料控除	全額経費または1/2経費など
法人に比べると低いが、 事業を行ううえでの支障はない	社会的信用	登記が必要で、 会社法に基づいて運営するため 個人事業主よりも高い
従業員が5人未満ならば 事業者の負担はない	社会保険	法人による負担分がある
廃業届を提出	事業の廃止	解散登記、公告などが必要 （費用がかかる）

出所：中小機構「J-Net21」

#23

法人

事業を成功させるポイント

法人の種類

✓ 法人には公法人と私法人がある

法人は、公権力を持たない私法人と、公の事業を行う公法人に分けられます。公法人には、独立行政法人や公庫、特殊法人などがあります。

起業や法人成りする場合には、私法人を選ぶことが一般的です。その私法人には、営利法人と非営利法人があります。営利法人は、経済的な利益を得ることを主な目的とし、事業で得た利益を構成員に分配します。株式会社や合同会社などが該当します。非営利法人は、利益の追求を目的とせず、利益は団体としての活動に使います。ＮＰＯ法人や医療法人、一般社団法人などがあたります。

有限責任事業組合（LLP：Limited Liability Partnership）という、有限責任事業組合契約法で認められる民法上の組合を設立する場合もあります。これは会社法上の組織ではなく、法人格はありませんが、設立費用を抑えられ、設立までの期間が短いなどのメリットがあります。

POINT!

- 法人には公法人と私法人がある
- 営利法人は利益の追求が主目的
- 非営利法人は利益を団体の活動に使う

法人の種類

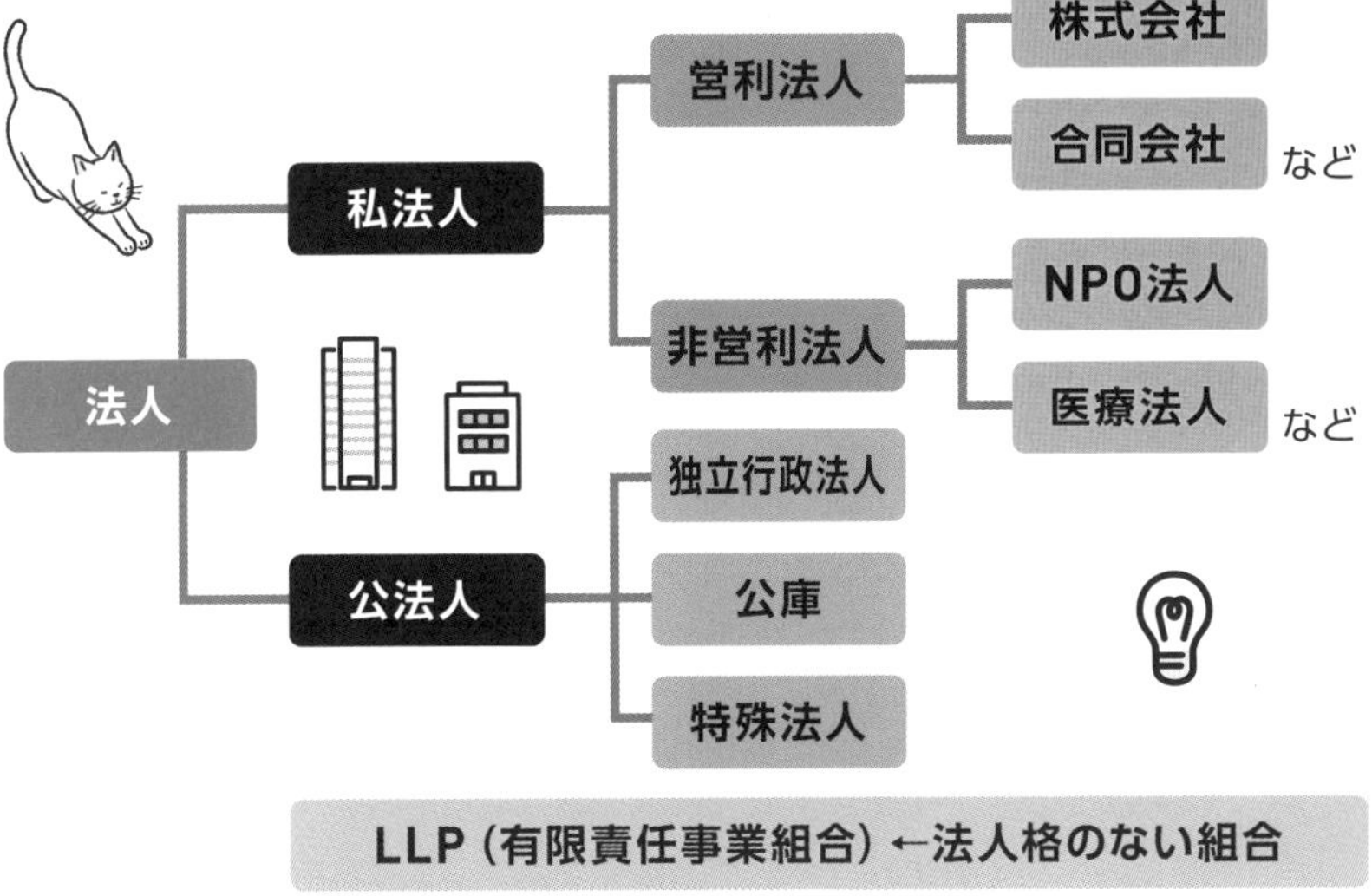

私法人と公法人の違い

私法人	営利法人	公的な権力を持たない。私的な社会活動を目的に、私人が設立し、主に経済的な利益を得ることを目的とした団体	株式会社 合同会社 合名会社 合資会社
私法人	非営利法人	公権力を持たない。構成員への利益分配が目的ではない法人で、利益は社員の給与や団体の活動目的の達成のために使う	NPO法人 財団法人 社団法人 社会福祉法人 医療法人　など
公法人		一般的に国の公共事業を行うことを目的とした団体。公的な権力の行使が認められている	地方公共団体 独立行政法人 公庫 特殊法人 公共組合 営造物法人　など

#24

法人成り

事業を成功させるポイント

法人成りのタイミングとは？

✓課税所得金額が８００万円を超えたら検討

フリーランスとして、一定金額以上の売上げを継続的にあげられるようになったら、株式会社などの法人を設立する法人化（法人成り）を検討したほうがいい場合もあります。例えば、売上高が１０００万円を超えそうな時や、個人事業主として開業して2年が経過した時がそのタイミングです。

というのは、２年前の年間売上げが１０００万円を超えると、消費税の納税義務が生まれるからです。しかし、個人事業主が法人化した場合、法人には２年前の売上げが存在しないため、消費税の納税義務が原則として免除されます。つまり、課税事業者になるタイミングを2年間遅らせられるのです。また、課税所得金額が９００万円を超えると、個人事業主は所得税率が33%ですが、法人税は23・２%です。課税所得金額が８００万円を超えた頃あたりから、法人成りの準備を始めるといいかもしれません。

POINT!

- 法人成りは個人事業主が法人を設立すること
- 2年前の年間売上が1000万円を超えた時
- 課税所得金額が900万円を超えた時

法人成りとは

法人成り	個人事業主が株式会社や合同会社などの法人を設立して、事業を法人に変更すること

法人成りに適したタイミング

売上高が1000万円を超えるとき、または個人事業を開業して2年経過したとき

資本金1000万円未満の法人は、設立後2年間消費税が免除される

個人事業の所得が900万円を超えたとき

課税される所得金額が900万円を超えると所得税の税率が33%になり、法人税の税率よりも高くなる（※下表参照）

事業の拡大を考えているとき

株式の発行で資金調達を考えている場合や、法人でないと契約できない案件がある場合など

個人事業主と法人の税率の違い

個人事業主は累進課税率で所得税、法人は比例税率で法人税が計算される

個人事業主		法人
所得税	税金の種類	**法人税**
累進課税率	制度	**比例税率**
課税される所得金額 ・195万円以下：5% ・195万円超330万円未満：10% ・330万円超695万円未満：20% ・695万円超900万円未満：23% ・900万円超1800万円未満：33% ・1800万円超4000万円未満：40% ・4000万円以上：45%	税率	所得額 ・800万円以下：15% （適用除外事業者は19%） ・800万円超：23.20% ※資本金1億円以下の普通法人の場合

法人は赤字でも法人住民税を納税しなければならない

例

	個人事業主（所得税）	法人税
所得900万円超の場合	33%	23.2%

所得税の控除額（113ページ参照）を差し引いても個人事業主の納税額金額のほうが高くなる → 法人成りを考えるタイミング

#25
法人成り

事業を成功させるポイント

法人成りのメリットとは？

✓社会的な信用が高まり、役員報酬を経費にできる

個人事業主が法人を設立して「法人成り」した場合、どのようなメリットがあるのでしょうか。

法人成りすると、法人の資産と個人の資産は別のものとして扱われ、経営者は給料（役員報酬）を受け取れるうえ、給与所得控除を受けられるので節税にもつながります。フリーランスの場合には本人への退職金は経費として認められませんが、法人なら退職金制度を設けることもできます。法人から出張手当を受け取ることも可能です。契約者と受取人を法人とした法人契約で生命保険に加入すると、保険の種類にもよるものの、保険料の一部を経費にすることもできます。

その年の収支が赤字になった場合には、赤字額を翌年以降10年間繰り越すことも可能です。そして何より、法人化には登記が不可欠で、かつ会社法に基づいた運営が行われるため、社会的な信用が高まるというメリットがあります。

POINT!

- 社会的信用が高まる
- 役員の給料を経費にできる
- 赤字を10年間繰り越せる

法人成りのメリットとは？

1 役員報酬を受け取れる

経営者は法人から給料（役員報酬）を受け取れる

2 所得税を節税できる

社長の給与が経費になり、給与所得控除が使える

3 配偶者控除・扶養控除が使える

社長の配偶者や扶養家族は配偶者控除や扶養控除の対象になる

4 退職金制度を設けられる

退職金の受け取り時には退職所得控除が使える

5 出張手当を受け取れる

法人から出張手当やを支給される

6 生命保険を活用した節税ができる

従業員を被保険者、受取人を法人として生命保険を契約すると保険料が経費になる

7 赤字を10年繰り越せる

その年の収支が赤字の場合、赤字額を翌年以降10年繰り越せる

8 消費税の免除

資本金1000万円未満の会社は、設立後2年間は消費税が免除される

9 税率が変わる

法人の税率は法人税と地方税をあわせてだいたい30%

10 社会的な信用を得られる

登記が必要で、会社法に基づいて運営するため社会的信用が高い

法人成りのメリットは案外、いろいろあります

#26

法人成り

事業を成功させるポイント

法人成りのデメリットとは？

✓赤字でも納税が必要になる

個人事業主が法人を設立する「法人成り」には、デメリットもあります。

法人を設立する際には、資本金や、法律で定められた「法定費用」、その他の費用が必要になります。現在では、資本金1円から株式会社を設立できますが、法定費用やその他の費用を合計すると、株式会社を設立する場合には約25万円くらいの費用がかかります。

また、法人税は、均等割と法人税割で構成され、均等割は法人の規模で税額が決まるため、赤字の時でも税金の支払いがあります。従業員の人数に関わりなく、社会保険への加入が義務になり、保険料を従業員と折半するため、その負担もすることになります。会社と個人のお金が明確に分けられ、役員報酬（給与）は毎月一定額のみが支払われます。個人事業主の時に比べて、経理や総務などの事務処理が煩雑になるというデメリットもあります。

POINT!

- 法人の設立には費用がかかる
- 赤字でも税金を支払う
- 事務処理負担が大きくなる

法人成りのデメリットとは

1 設立費用がかかる

法人の設立には費用がかかる

2 赤字でも税金の支払いがある

法人住民税は均等割と法人税割で構成され、均等割は法人の規模で納める税額が決まる

3 社会保険に加入する必要がある

従業員数にかかわらず、健康保険や厚生年金への加入が義務

4 事務負担が増える

経理や決算が個人事業主の時よりも複雑になる

5 役員報酬（給与）が毎月同額になる

法人成りすると会社と個人のお金が明確に分かれ、給料は役員報酬として会社から毎月同額が支払われる

6 交際費を全額経費計上できない場合がある

法人の場合、飲食費に限ってのみ50%を経費として認められ、年間800万円までが上限となる（資本金1億円以下の企業の場合）

法人成りのメリットとデメリットを比較したうえで、「あなたにとって」のより良い選択をしてください

#27 法人

事業を成功させるポイント

主な法人（営利法人）の特徴

有限責任事業組合（LLP）の特徴

有限責任事業組合（LLP）	
どんな法人？	2005年8月から設立可能になった事業体（組合）。出資額ではなく、「人」に重きを置き、他の人にないアイディアや能力、技術、専門性などを評価し、利益配分を変えられる。2名以上で設立でき、構成員全員が有限責任
メリット	・設立費用を抑えられる ・設立までの期間が短い ・決算公告が不要 ・内部自治を徹底できる ・組合員の任期がない ・組合には課税されない （組合員が個人事業主として課税される
デメリット	・法人格ではないため、契約は個人名で行う ・株式会社に組織変更できない

マイクロ法人の特徴

マイクロ法人	
どんな法人？	・経営者が1人だけで経営している会社 ・1人でも設立可能な株式会社や合同会社、合名会社で設立できる ・自分以外の株主や役員、従業員がいない ・個人事業主が税金や社会保険料の節減を目的に設立することが多い
メリット	・個人事業主より、所得税や社会保険料が抑えられる ・経費として扱える幅が広がる （役員報酬、役員退職金など） ・社会的信用が高まる
デメリット	・法人設立の費用がかかる ・税務申告の手続きが複雑になる ・株式会社の場合は決算公告の義務がある ・赤字であっても法人住民税がかかる

合同会社、合資会社、
合名会社は「持ち株会社」、
LLPは法人ではなく「組合」です

主な法人（営利法人）の特徴

株式会社

どんな法人？	株式を発行し、多くの投資家から資金を集めて事業を行う法人。出資者である株主と会社を経営する取締役の役割が分離している（所有と経営の分離）
メリット	・多くの人から出資を受けやすい ・社会的信用が高い ・個人事業より節税しやすい
デメリット	・設立や役員の再任などに費用がかかる ・決算公告の義務がある ・税務や社会保険の手続きが複雑 ・赤字でも法人住民税がかかる

合同会社（LLC）

どんな法人？	2006年5月の会社法改正で新たに設けられた会社形態。「出資者＝会社の経営者」であり、出資額に関わらず1人1票の議決権がある。役職（役員）の任期に定めがなく、有限責任で出資額以上の責任は負わない
メリット	・設立費用やランニングコストが安い ・法人の節税メリットを受けられる ・経営の自由度が高く、迅速な意志決定ができる ・利益の配分を自由に決められる
デメリット	・資金調達は補助金や助成金、融資などに限られる ・株式市場への上場ができない ・出資者間の意見が対立した際の影響が大きい

合資会社

どんな法人？	無限責任社員と有限責任社員とで構成され、設立にはそれぞれ1名ずつ必要になる。有限責任社員は出資額以上の責任を負わないが、無限責任社員は会社の債務に対して無制限に責任を負う
メリット	・設立費用を抑えられる ・公証役場での定款認証が不要 ・資本金が不要 ・決算公告が不要
デメリット	・無限責任社員には負債の上限がない ・1人では起業できない ・会社形態の知名度が低い

合名会社

どんな法人？	無限責任社員のみで構成され、1名からでも設立できる。出資者全員が業務執行権と代表権を持ち、複数の個人事業主で構成するような会社形態。会社の定款変更や社員持分の譲渡の変更などは、出資者全員の同意が必要
メリット	・設立費用を抑えられる ・公証役場での定款認証が不要 ・資本金が不要 ・決算公告が不要
デメリット	・無限責任社員には負債の上限がない ・会社形態の知名度が低い ・新しい社員を迎えにくい

Column

事業用資金から生活費を支払った場合の帳簿の付け方

生活資金の科目は「事業主貸」と「事業主借」

フリーランスは、事業用とプライベート用の資金をしっかり分けることが重要です。例えば、事業用の資金から生活費を家計に渡した場合、生活費は経費にはなりません。そこで、帳簿を付ける際には、「事業主貸」という勘定科目を使用して、事業用の資金を生活費として家計に渡したことを表します。

また、事業用の資金が足りなくなって、生活資金口座から事業用資金口座に資金を振り込んだ場合には、「事業主借」という勘定科目を使用して仕訳をします。このようにして、事業用とプライベート用の資金をしっかり区別することが必要です。

生活資金の科目は「事業主貸」と「事業主借」

例 7月1日に生活費を10万円振り込んだ

事業資金口座 →（事業主貸 10万円）→ 生活資金口座

▼仕訳帳への記入方法

日付	借方 勘定科目	借方金額	貸方 勘定科目	貸方金額	摘要
7月1日	事業主貸勘定	100,000	普通預金	100,000	生活費

例 事業用の資金が足りなくなり、
7月15日に生活資金口座から事業用資金口座に8万円振り込んだ

事業資金口座 ←（事業主借 8万円）← 生活資金口座

▼仕訳帳への記入方法

日付	借方 勘定科目	借方金額	貸方 勘定科目	貸方金額	摘要
7月15日	普通預金	80,000	事業主貸勘定	80,000	事業資金供与

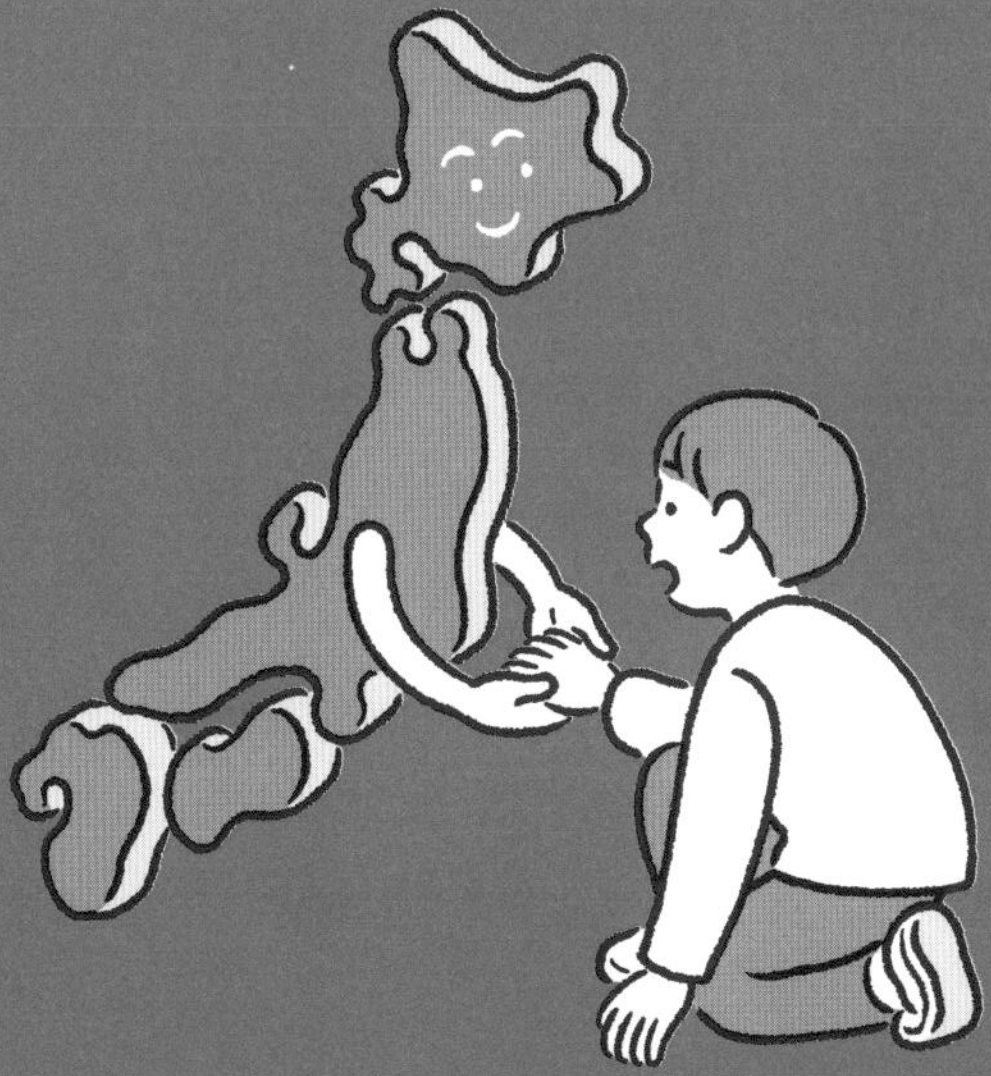

Part 4

フリーランスのための社会保障制度

#1
社会保険

社会保険について知っておこう

フリーランスになると社会保障はどう変わる？

✓フリーランスには雇用保険、労災保険（※）がない

社会保障制度は、国民の安心や生活の安定を支えるセーフティネットです。そのひとつである社会保険は、病気やけが、労働災害、死亡、失業、老後などに備えるもので、健康保険、年金保険、介護保険、労災保険、雇用保険があります。会社員とフリーランスでは、加入できる保険の種類や保険料負担が異なります。

健康保険の場合、会社員は職場の健康保険に加入し、保険料を会社と折半します。扶養家族も加入でき、しかも保険料の負担はありません。これに対し、フリーランスは国民健康保険に加入し、保険料は全額自己負担。扶養家族の人数分の保険料を支払います。介護保険も、会社員は保険料を会社と折半するのに対し、フリーランスは全額自己負担。公的年金は、会社員が厚生年金と国民年金に加入するのに対し、フリーランスは国民年金のみです。フリーランスは、失業に備える雇用保険や、仕事中の労働災害に備える労災保険（※）には加入できません。

POINT!

会社員とフリーランスでは加入できる社会保険が異なる

フリーランスには雇用保険、労災保険※がない

※労災保険には一部「特別加入」がある

会社員に比べて、フリーランスは利用できる社会保険制度が限られています

フリーランスと会社員の社会保険の違い

		加入する保険	保障内容	保険料負担
健康保険	フリーランス	**国民健康保険**（国保）（業種によっては国民健康保険組合）	病気やけがによる医療費、出産育児一時金など	**全額自己負担**（家族の人数分）
	会社員・公務員	**健康保険**（健保）（健康保険組合）	病気やけがによる医療費、出産育児一時金、傷病手当金、出産手当金	事業主と折半（扶養家族分の保険料負担なし）
年金保険	フリーランス	**国民年金**	老齢基礎年金、障害基礎年金、遺族基礎年金（18歳未満の子と18歳未満の子がいる配偶者）	**全額自己負担**
	会社員・公務員	**厚生年金**	老齢基礎年金、老齢厚生年金、障害基礎年金、障害厚生年金、遺族基礎年金、遺族厚生年金	事業主と折半（専業主婦（夫）〈第3号被保険者〉の保険料負担なし）
介護保険	フリーランス	**介護保険**（40歳以上が加入）	要支援・要介護状態になったとき	**全額自己負担**
	会社員・公務員			事業主と折半（専業主婦（夫）の保険料負担なし）
労災保険	フリーランス	**加入できない** ※一定要件を満たすと加入できる		
	会社員・公務員	**労災保険**（公務員：公務災害）	業務上や通勤途上の病気やけが	全額会社負担
雇用保険	フリーランス	**加入できない**		
	会社員	**雇用保険**	失業した場合に失業手当や支援を受けられる　など	事業主と折半

#2
健康保険

社会保険について知っておこう

フリーランスが加入できる健康保険は？

✓国民健康保険、任意継続、家族の被扶養者から選ぶ

会社を辞めたあとの健康保険には、国民健康保険（国保）や国民健康保険組合（国保組合）に加入する、勤務先の健康保険を任意継続する、家族が加入する健康保険に被扶養者として加入するという選択肢があります。このうち国保と国保組合については、１６２～１６３ページで紹介します。

退職するまでに継続して2カ月以上の健康保険加入期間がある場合には、退職の翌日から2週間以内に「任意継続被保険者資格取得申出書」を提出すると、職場の健康保険に任意加入できます。加入期間は2年間で、保険料は全額自己負担になるものの、退職時の給与（標準報酬月額・上限30万円）で決まり、原則、２年間変わりません。扶養家族も一緒に加入しますが、保険料はかかりません。

配偶者や子どもが勤務先の健康保険に加入している場合には、扶養家族（被扶養者）として加入する方法もあります。この場合も保険料はかかりません。

POINT!

- 国保、任意継続、家族の被扶養者から選ぶ
- 職場の健康保険への任意加入もできる
- 配偶者や子どもの扶養家族になる選択肢も

フリーランスが加入できる健康保険

会社員・公務員
（健康保険）

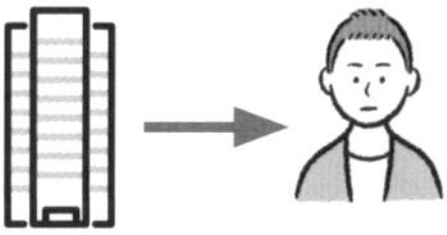

フリーランスになると、
下記いずれかに加入する

国民健康保険、国民健康保険組合に加入

・都道府県や市区町村が保険者となる市区町村国民健康保険

・業種ごとに組織される国民健康保険組合

職場で加入していた健康保険を任意継続

・職場の健康保険と同じ内容の給付を受けられる

・家族が被扶養者扱いになる（保険料負担が不要になるケースもある）

家族の健康保険に被扶養者として加入する

・保険料負担が不要になる（条件あり）

保険料負担の少ない健康保険を選ぼう

国民健康保険

前年度の年収で保険料が計算される

任意継続

上限最長2年間、保険料が年間36万円で済む（東京都、協会けんぽの場合）

被扶養者

年収130万円未満（60歳未満、60歳以上は年収180万円未満）の場合はこの選択肢もある

フリーランスは収入が不安定になりがちです
独立したばかりの頃は、保険料の負担が少ない
選択肢を選ぶのがいいかもしれません

#3

健康保険

社会保険について知っておこう

国民健康保険と国民健康保険組合の違い

✓国保組合は同種同業者の組織

フリーランスとして独立すると、健康保険は国民健康保険に加入することが一般的です。国民健康保険には、都道府県や市町村が保険者となる市町村国保と、業種ごとに組織される国民健康組合（国保組合）があります。このうち自治体が保険者となる市町村国保は、前年の所得によって保険料が決まります。

これに対し、国保組合の保険料は、組合で違いはあるものの、一律だったり、年齢や資格で決まることが多いようです。そのため、収入が高い人にとっては、自治体が保険者となる国保よりも保険料が低くなる可能性があります。給付内容も、自治体の国保よりも手厚い傾向にあるようです。扶養家族も国保組合に入ることができますが、保険料は扶養家族分をプラスされ、自己負担になります。

ただし、国保組合は同じ業種の人で組織された組合なので、加入には一定の条件があります。

POINT!

- 国保組合は同じ業種の人の組織
- 国保組合のほうが給付が手厚い傾向がある
- 国保組合への加入には一定の条件がある

国民健康保険と国民健康保険組合の違い

国民健康保険		国民健康保険組合
会社の健保の加入者や後期高齢者医療制度の対象者を除くすべての人	加入対象者	業種や職種、居住地によって加入者が制限される
前年の所得に基づいて算出される（上限がある）	保険料	年齢や資格によって決まる（組合によって異なり、前年の所得によって変動したり、所得割がある場合もある）
市町村によって異なる	給付内容	組合によっては市町村国保よりも手厚い場合がある（無料の健康診断の実施、無料のがん検診、人間ドックやインフルエンザ予防接種への補助金支給などがある）

高額所得者は、国民健康保険組合のほうが保険料を安く抑えられる場合もあります。
ただし、家族が多い世帯の場合は、市区町村国保よりも保険料が高くなるケースもあるようです

会社の健康保険を任意で継続する

健康保険任意継続の加入要件、メリット・デメリット

加入要件	・健康保険加入期間が継続して2カ月以上ある ・退職日の翌日から20日以内に手続きをする
保険期間	退職の翌日から2年間 ※再就職先の健康保険に加入した場合、保険料を納付期限までに納めなかった場合、75歳になって後期高齢者医療制度に加入した場合、任意継続被保険者をやめることを申し出た場合、被保険者が亡くなった場合は資格を喪失する
メリット	・国民健康保険に比べて保険料が安くなる場合がある ・職場の健康保険と同じ内容の給付を受けられる ・家族が被扶養者扱いになる（保険料負担が不要になるケースもある）
デメリット	・保険料は全額自己負担 ・保険料を滞納すると資格を失う

#4

社会保険

社会保険について知っておこう

老後や「もしも」のときに必要な対策とは？

✓フリーランスの社会保険は国民健康保険と国民年金のみ

フリーランスが加入できる社会保険制度は、国民健康保険と国民年金のみ。厚生年金保険や労災保険（※）、雇用保険には加入できません。保障内容も手薄です。国民健康保険には、病気やけがで働けない時に支給される傷病手当金や、出産手当金がありません。国民年金では、被保険者の死亡時に支給される遺族基礎年金の対象が、18歳未満の子と、18歳未満の子がいる配偶者に限られます。

これらの問題に対応するには、どのような対策が必要でしょうか。老後の保障は、ｉＤｅＣｏ（個人型確定拠出年金）や小規模企業共済を活用して備えます。労災保険の特別加入制度を活用できれば、仕事上の病気やけがへの備えもできます。さらに、1年分の生活費を準備しておけば、失業や病気、けがで働けなくても、生活できるでしょう。それでも保障が足りない場合には、必要な範囲で民間の医療保険や定期保険、所得補償保険への加入を検討してもいいかもしれません。

POINT!

- 社会保険は国民年金と国民健康保険のみ
- iDeCoや小規模企業共済で老後に備える
- 1年分の生活費を準備する

※労災保険には一部「特別加入」がある

フリーランスに必要な保障とは？

	フリーランスの社会保険の問題点	対策の方法
健康保険	傷病手当金、出産手当金がない	・必要に応じて医療保険に加入（十分な貯蓄があれば不要）
年金保険	国民年金〈遺族基礎年金は18歳未満の子と18歳未満の子がいる配偶者しか受け取れない〉	・必要な時期に必要な範囲で定期保険に加入 ・iDeCo加入者は「死亡一時金」「障害給付」を受け取ることができる ・小規模企業共済契約者の死亡時は共済金を請求できる
労災保険	なし	・労災保険の特別加入制度を活用する（必要ならば所得補償保険を検討する）
雇用保険	なし	・万一に備えて1年分の生活費を準備しておく

※26年から、子が1歳になるまで国民健康保険料が免除になる予定。

第5章で説明するiDeCoや小規模企業共済に加入することで受け取れるお金もあります。入るべき保険、やめていい保険を見極めて、浮いた保険料は、国民年金基金やiDeCo、小規模企業共済、NISAの積み立てに充てましょう

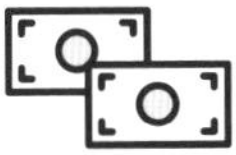

#5
働けない時の備え

社会保険について知っておこう

労災がないフリーランスはどう備える？

✓業種によっては労災保険に特別加入できる

会社員時代は、仕事中や通勤途中にけがをしたり、仕事が原因で病気になった場合には、労災保険が給付されました。しかし、労災保険は対象が労働基準法に規定されている労働者であるため、フリーランスは加入できません。そのため、フリーランスには、病気やけがで働けなくなった時への備えが不可欠です。

方法としては、貯蓄をすることや、民間の所得補償保険に加入することのほかに、国の労災保険に特別加入するという選択肢もあります。

労災保険の特別加入制度は、業務の実態や災害の発生状況から、労働者に準じた保護が必要と見なされる人に、一定の要件の下で労災保険に特別に加入することを認める制度です。特別加入できる職業などは限られているものの、2024年には、特定受託事業など具体的な業種を問わず、幅広く特別加入を認めていく予定です。（※）

POINT!

- フリーランスは働けない時への備えが重要
- 労災保険に特別加入できる業種もある
- 要件や加入手続きなどは職業などで異なる

働けなくなった時への備え方

❶	❷	❸
貯蓄	国の労災保険に特別加入する	民間の所得補償保険に加入する

❷ 国の労災保険に特別加入する

- 特定の事業に従事する、労働者を使用しない自営業者が加入できる
- 特別加入制度では自営業者などの団体（特別加入団体）を事業主、フリーランスなどを労働者とみなして労災保険を適用する

加入の手続き

特別加入団体が、所轄の労働基準監督署長を経由して、
所轄の都道府県労働局長に申請する

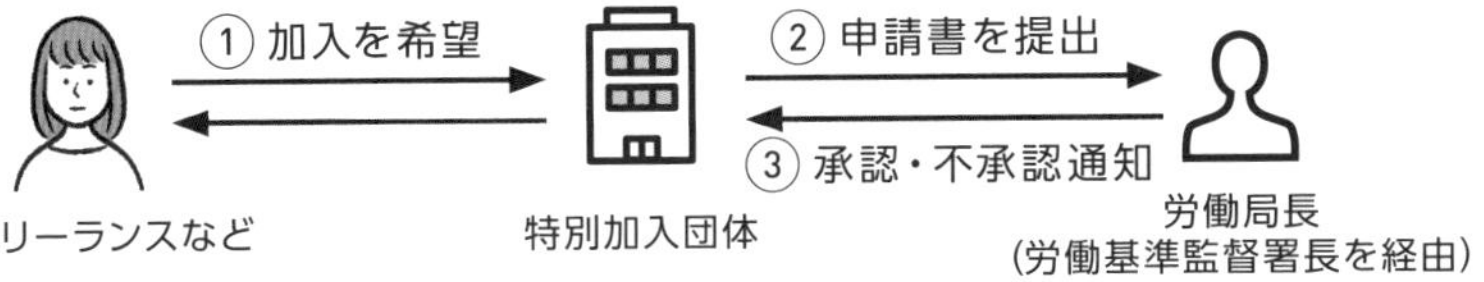

保険料

希望する給付基礎日額と事業によって異なる保険料率で、労災保険料が決まる

例 給付基礎日額3500円の場合

建設の事業	個人タクシー事業
（保険料率18/1000）の場合	（保険料率12/1000）の場合
年間保険料 **2万2986円**	年間保険料 **1万5330円**

●特別加入できる個人事業主の例

仕事の性質上、身体を負傷しやすいと考えられる個人事業主

- 自転車を使用して貨物運送事業を行う者
- 芸能関係作業従事者
- 柔道整復師
- あん摩マッサージ指圧師、はり師、きゅう師
- ITフリーランス
- アニメーション制作作業従事者
- 創業支援等措置に基づき事業を行う方
- 歯科技工士

など

「特別加入制度」の保険料は所得補償保険よりも安いです。

また、保険料は経費にできます。詳細は、厚生労働省のWebサイト「特別加入制度のしおり」で確認してください

※新たに規定される予定（第２種特別加入保険料率は「1000分の３」）。

#6
高額療養費制度

社会保険について知っておこう

高額療養費制度について知っておこう

✓1カ月の医療費が上限額を超えると、超えた分が支給される

高額療養費制度は、医療費の家計負担が重くなりすぎないよう、医療機関や薬局の窓口で支払う医療費が、1カ月（1日から末日まで）で上限額（自己負担限度額）を超えた場合に、超えた額を支給する制度です。

1カ月の上限は、70歳以上と69歳以下で異なり、所得による区切りもあります（１６９ページ図表参照）。所得が上がると上限額が上がるので、かかった医療費が同じだった場合、所得が高いと高額療養費の支給額が少なくなります。

いくつかの条件を満たすと、負担をさらに軽減するしくみもあります。例えば、同じ世帯の人が窓口で負担した医療費が2万１０００円以上ならば1カ月単位で合算でき、上限額を超えた場合は、超えた分が高額療養費として支給されます。また、過去12カ月以内に、3回以上、上限額に達した場合には、4回目から「多数回」に該当し、上限額が下がります。

POINT!

- 高額療養費は医療費の負担が重くならないための制度
- 1カ月の医療費が上限額を超えると高額療養費が支給される
- 上限額は年齢や収入によって異なる

高額療養費の自己負担限度額【69歳以下の限度額】

適用区分		ひと月の上限額（世帯ごと）	多数回該当の場合
ア	**年収　約1160万円～** 健保：標準報酬月額83万円以上 国保：所得901万円超	**25万2600円＋（医療費−84万2000）×1％**	**14万100円**
イ	**年収　約770万円～ 約1160万円** 健保：標準報酬月額53万円～79万円 国保：所得600万円～901万円	**16万7400円＋（医療費−55万8000）×1％**	**9万3000円**
ウ	**年収　約370万円～ 約770万円** 健保：標準報酬月額報28万～50万円 国保：所得210万～600万円	**8万100円＋（医療費−26万7000）×1％**	**4万4400円**
エ	**～年収　約370万円** 健保：標準報酬月額報26万円以下 国保：所得得210万円以下	**5万7600円**	**4万4400円**
オ	**住民税非課税者**	**3万5400円**	**2万4600円**

※1つの医療機関等での自己負担（院外処方代を含む）では上限額を超えないときでも、同じ月の別の医療機関等での自己負担（69歳以下の場合は2万1千円以上であることが必要）を合算することができる。合算額が上限額を超えれば、高額療養費の支給対象となる。

例　40歳で年収が約370万円～約770万円（3割負担）の人が、1カ月に100万円の医療費（窓口負担30万円）がかかった場合

高額医療費として支給される額

30万円ー8万7430円＝**21万2570円**

自己負担の限度額

8万100円＋（100万円ー26万7000円）×1％＝**8万7430円**

同じ月に複数の医療機関にかかった場合は
それぞれの医療費を合算して上限額を超えたら、
高額療養費が支給されます。
またマイナンバーカードを利用すると
高額療養費制度の手続きが不要になります

#7

介護費用

社会保険について知っておこう

介護費用の相場を知っておこう

✓介護にかかるお金を知って、親や自分の介護に備えよう

親の介護や、将来の自分の介護は、誰にとっても避けて通れない問題です。会社員の場合、親を介護する時には、介護休業や介護休暇を取得できるようになりました。ですが、フリーランスは、介護のために仕事を休んでしまうと、その分、収入が減って、家計を圧迫することになりかねません。

そこで、介護が必要になった時には、どのような公的介護サービスを利用できるのかなどを調べて、親と話し合っておくといいでしょう。介護にどのくらいお金がかかるのかという相場についても知っておき、親自身に準備してもらうようにしましょう。親の介護は親自身のお金の範囲内で、という考え方が必要です。

自分自身の介護についても、考えておく必要があります。フリーランスも公的介護保険には加入していますが、サービスを受けるには自己負担が必要です。将来の介護に備えて、貯蓄することが大切です。

POINT!

- 利用できる公的介護サービスの内容や相場を知る
- 親の介護は親自身のお金で賄える範囲で行う
- 自分自身の介護に備えて貯蓄する

介護費用の相場を知っておこう

一時的な費用（住宅改修・介護用ベッド購入など）	在宅での介護	施設での介護
平均 **74万円**		
月々の費用 平均**8.3万円**	月々の費用 平均**4.8万円**	月々の費用 平均**12.2万円**

生命保険文化センターによる、過去3年間に介護経験がある人に、どのくらい介護費用がかかったかを聞いた調査。公的介護保険サービスの自己負担分も含まれる

要介護度別介護費用（月額）

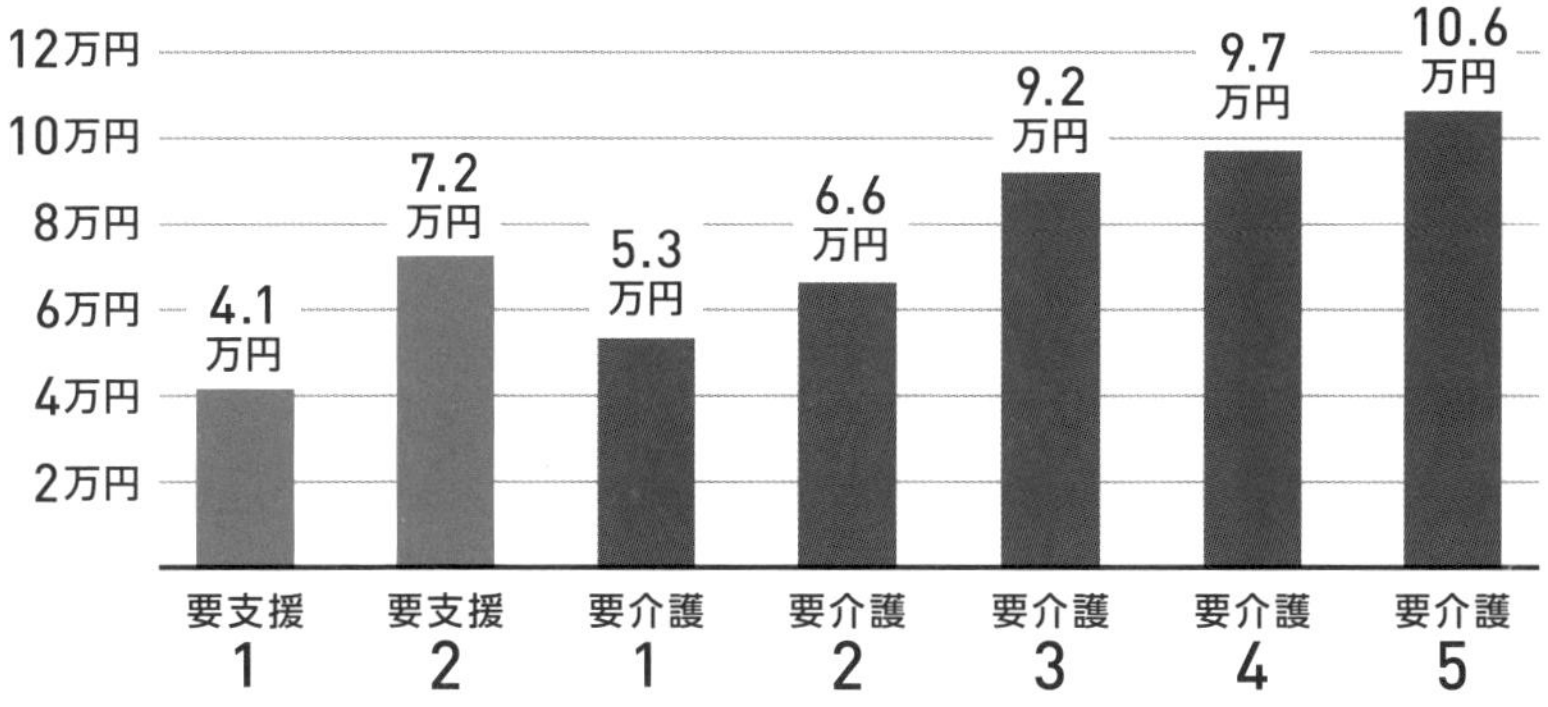

公的介護保険の利用経験がある人の平均額。支払った費用がない人を0円として平均を算出している。

介護期間は平均5年1カ月

- 介護を行った期間は **平均61.1カ月（5年1カ月）**
- **4年を超えて介護した人も約5割いる**

出所：生命保険文化センター「生命保険に関する全国実態調査」／2021（令和3）年度

老後の不安に備えよう

公的年金って何だっけ？

✓職業などによって3つの種類がある

日本には、公的年金制度という主に老後生活を支える柱になる制度があります。この制度には、20歳から60歳になるまでの40年間、国民全員が加入することになっています。職業などによって３つの種類があるので、自分はどの年金に入っているのかを知っておくことが大切です。

フリーランスや自営業者、無職の人は、国民年金に加入します。この人たちは、国民年金の「第1号被保険者」と呼ばれます。保険料は月額１万６９８０円（２０２４年度）となっています。

会社員や公務員は厚生年金に加入し、国民年金の「第2号被保険者」と呼ばれます。左図のように、公的年金は複数の階からできていて、第2号被保険者は、1階部分の国民年金にも加入しています。会社員や公務員の配偶者（専業主婦・夫）は、「第3号被保険者」で、保険料の負担はありません。

POINT!

- 20歳から60歳になるまで国民全員が加入する
- 職業などによって3つの種類がある
- フリーランスは国民年金に加入する

公的年金のしくみ

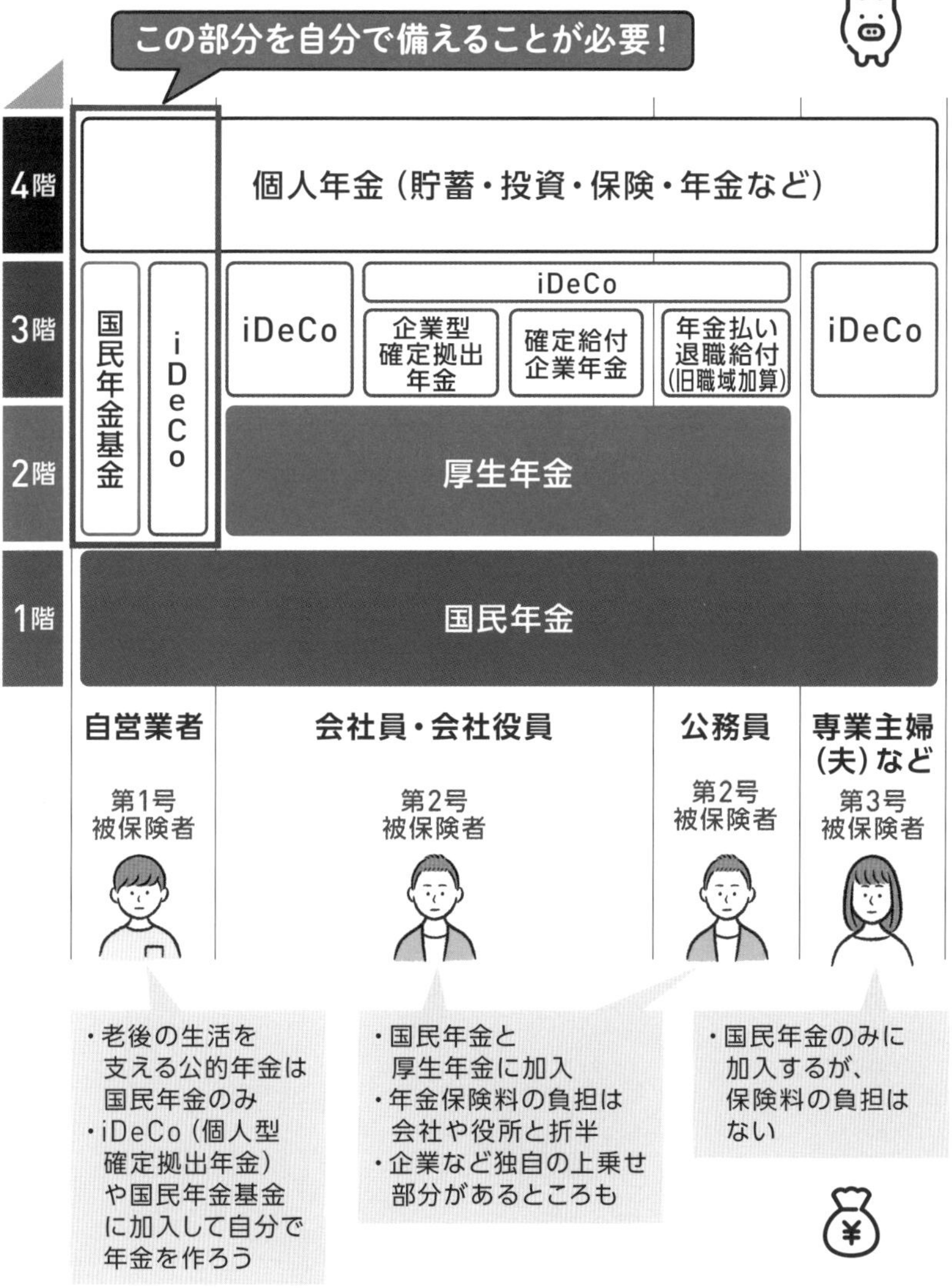

公的年金制度は1階部分（国民年金）と2階部分をベースに、その上に自分の意志で加入する「個人型確定拠出年金」や、職場の年金制度などがあります。

#9

公的年金

老後の不安に備えよう
フリーランスの年金額はいくら？

✓将来受け取る年金額は、年額81万６０００円

国民年金にのみ加入するフリーランスは、国民年金の第１号被保険者と呼ばれます。保険料は収入などに関係なく、一律で月額１万６９８０円（２０２４年度）です。保険料は毎年変わりますが、20歳から60歳になるまで40年間加入し、毎月支払った場合、支払う国民年金保険料の合計は８１５万４００円になります。

公的年金は、その人が亡くなるまでずっと支払われます。これこそが、最大のメリットと言っていいでしょう。

将来受け取る年金額は、年額81万６０００円、月額では６万８０００円（２０２４年度）です。65歳から80歳まで受け取った場合には、１２２４万円と支払った保険料の１・５倍の金額が支給されます。90歳までなら２０４０万円で２・５倍です。それでも、厚生年金も受け取る会社員や公務員に比べると控えめな金額なので、自分で備えをすることが大切です。

POINT!

- 月々の保険料は1万6980円
- 40年間の保険料合計額は815万400円
- 90歳まで生きると国民年金を2040万円受け取れる

フリーランスが払う保険料と将来受け取れる年金額は？

支払う国民年金保険料

●20歳～60歳

毎月支払う国民年金保険料

1万6980円 × 12カ月 × 40年 ＝ **815万400円**

受け取る老齢基礎年金

●65歳～80歳ならば…

支払った保険料の1.5倍

年額

81万6000円（月額6万8000円） × 15年 ＝ **1224万円**

●65歳～90歳ならば…

支払った保険料の2.5倍

年額

81万6000円（月額6万8000円） × 25年 ＝ **2040万円**

※20歳～60歳まで40年間国民年金保険料を支払った場合の試算。国民年金保険料、65歳から受け取る老齢基礎年金額は2024年度の金額

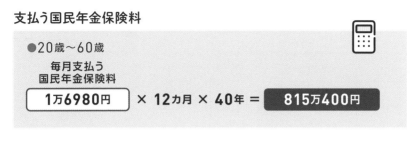

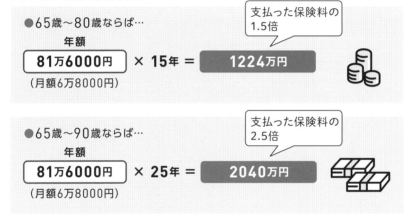

#10
公的年金

老後の不安に備えよう
年金受給に必要な加入期間は10年以上

✓加入期間が10年未満だと年金を受け取れない

日本では、20歳から60歳になるまで全員が公的年金制度に加入します。ただし、いつまで加入できるかは、年金の種類で異なり、フリーランスが加入する国民年金は、20歳から60歳になるまで、40年間（４８０カ月）加入できます。

将来、年金を受け取るには、加入期間が10年以上加入していることが条件になります。加入期間が10年未満の場合、年金をもらうことができません。また、国民年金に加入していた人が、老後に受け取る老齢基礎年金の年金額は、加入していた期間で異なります。40年間加入していれば、満額の年額81万６０００円（※）を支給されますが、40年より少なければ、その分減額されます。

とはいえ、払っていない期間がある人がさかのぼって払えるしくみや、60歳以降も国民年金に任意加入して払えるしくみもあります。また、国民年金に10年以上加入した人は、厚生年金に１カ月以上加入すると老齢厚生年金も受け取れます。

※2024年度

POINT!

- 国民年金には40年（480カ月）加入できる
- 加入期間が10年未満だと年金をもらえない
- 加入期間によって受け取れる年金額が変わる

国民年金と厚生年金の加入ルール

	国民年金	厚生年金
年金受給に必要な加入期間	**10年以上**	**1カ月以上** (国民年金の加入期間が10年以上あれば)
加入できる年齢	**60歳まで** (480カ月まで)	**70歳まで**
支給開始の時期	**原則65歳から** (60歳から75歳の間で選べる)	

国民年金保険料を払っていない期間を補う方法

追納制度

保険料の「免除」「若年者納付猶予」「学生納付特例」を利用した人は、10年前の分まで追納できる。その分、年金額も増える

保険料納付の時効期限

払い忘れた国民年金保険料は2年前までさかのぼって支払える。支払った分、年金額が増える

任意加入制度

国民年金保険料の納付期間が40年に満たず、老齢基礎年金を満額受給できない場合は、60歳以降も国民年金に任意加入できる。60歳の誕生日の前日から任意加入の手続きができる

#11 公的年金

老後の不安に備えよう

ねんきん定期便の見方を知ろう

✓「ねんきん定期便」が届いたら必ず開封しよう

国民年金や厚生年金の加入者には、毎年、誕生月に「ねんきん定期便」が届きます。35歳と45歳、59歳の時は封書で、それ以外ははがきで送られてきます。「ねんきん定期便」は、「自分自身の」年金について、加入期間や年金の見込額など、大切な情報が書いてあります。届いたら、開封して内容を確認しましょう。

「これまでの加入実績に応じた年金額」には、将来受け取れる年金の見込額が書かれています。50歳未満の場合には、これまでの加入実績に応じて計算した額、50歳以上はいまの加入条件が60歳まで続くと仮定した見込額となっています。

50歳未満の方は「年金シミュレーター」がお勧めです。「ねんきん定期便」に載っているＱＲコードを読み取ると、これまでの年金記録が入力されています。あとは、これからどう働くのか、フリーランスになったらなどを入力するとグラフなどで年金額がわかるようになっています。

POINT!

- 毎年誕生月に「ねんきん定期便」が届く
- 加入期間や将来の見込額をチェック
- 「年金シミュレーター」で将来の年金額を確認する

「ねんきん定期便」（50歳未満）の内容を確認しよう

POINT 1
年金番号を確認

「ねんきん定期便」や「ねんきんネット」への問い合わせに必要な番号

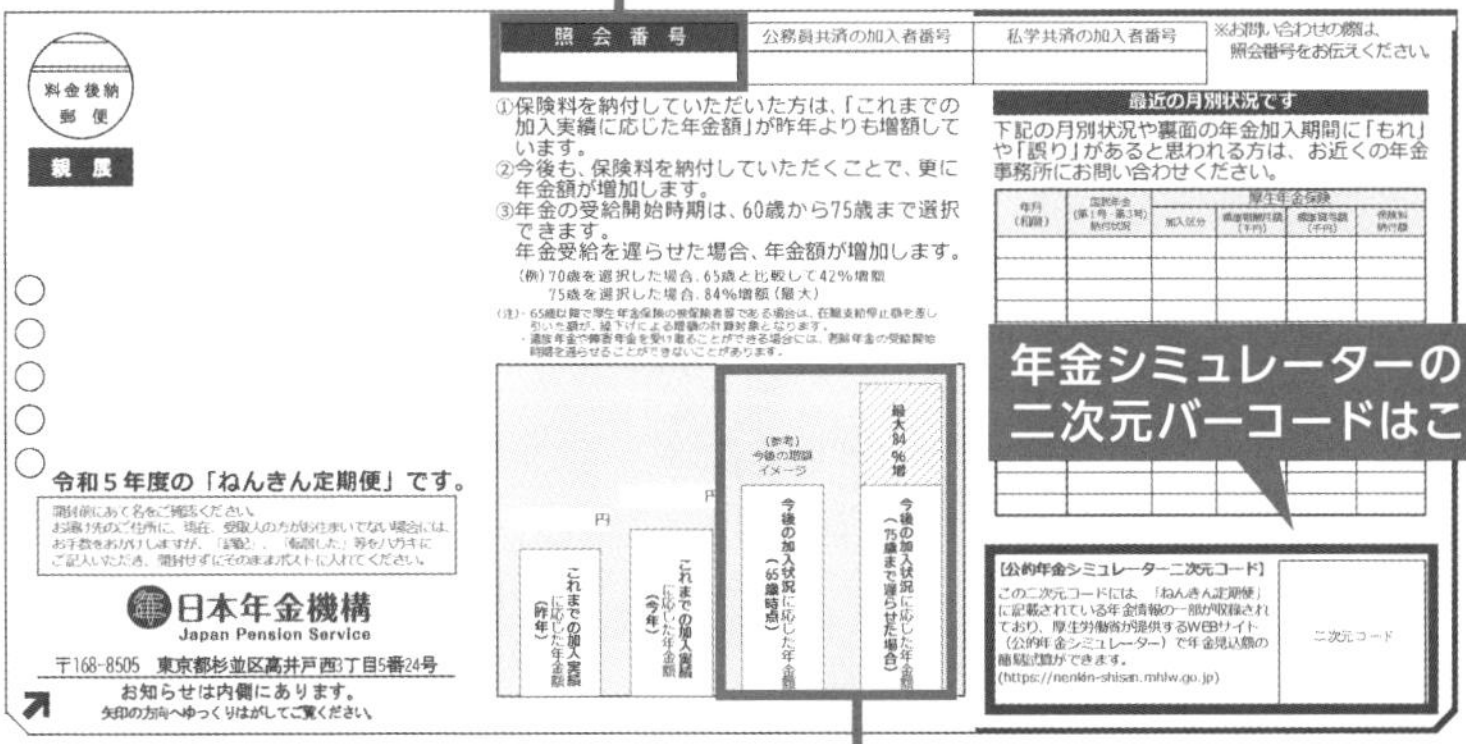

POINT 2
老齢年金の見込み額をチェック

65歳から受け取れる老齢年金の見込み額と、75歳まで受け取りを遅らせた場合の見込み額

POINT 3
保険料納付額をチェック

これまでに払った保険料の合計額

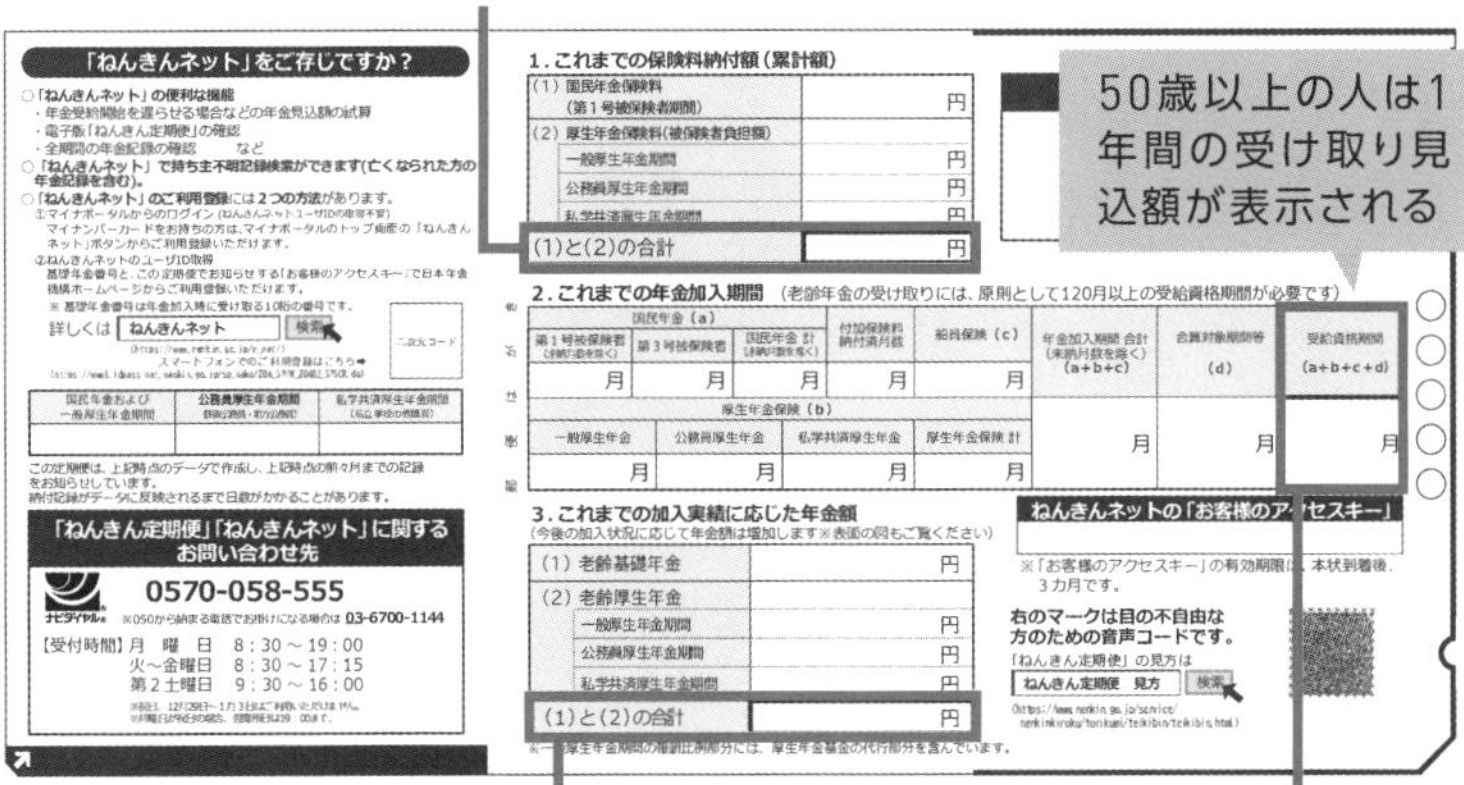

POINT 5
老齢年金の見込み額をチェック

これまでに加入した期間に応じて計算した年金額（年額）。加入期間などが増えれば年金額も増える

POINT 4
受給資格期間を確認

年金を受給する資格があるかどうかを判断する基準となる期間。合計が10年（120カ月）以上必要になる

#12

障害年金

病気やけがで働けなくなったら?

フリーランスも障害年金を受け取れる?

✓フリーランスでも障害年金を受給できる

これからフリーランスとして活躍することを考えている人のなかには、「万が一、病気やけがで障害の状態になったらどうなるんだろう」と心配している人もいるのではないでしょうか。公的年金に加入している人が一定の障害状態になったときには、障害年金を受け取ることができます。フリーランスの場合には、国民年金にのみ加入しているので、障害基礎年金を受け取れます。60歳以上65歳未満は年金制度に加入していないものの、日本国内に住んでいる間に初診日があれば、障害年金を受給することが可能です。

障害年金を受け取るには、１８１ページ上図の要件をすべて満たす必要があります。なお、障害基礎年金は、国民年金の「障害等級表」で定められた1級と2級の場合に受給できますが、３級の場合には受け取れません。扶養している18歳未満の子どもがいる場合には、子の加算額も支給されます。

POINT!

一定の障害状態になると障害基礎年金を受け取れる

加入期間のうち2/3以上の保険料納付が要件など

障害等級1級、2級の場合に受け取れる

障害基礎年金を受け取るための要件

初診日に国民年金に入っていた	●医師の診療を初めて受けた日に国民年金に入っている ●国民年金に加入していた60歳～65歳未満の国内在住の人 ●20歳未満で障害を負った方も対象
初診日の前日までに次のいずれかの要件を満たしている	●初診日のある月の前々月までの加入期間のうち全体の3分の2以上保険料を納付している ＊免除・猶予制度を受けていた場合、その期間を含む ●初診日に65歳未満であり、初診日のある月の前々月までの直近1年間に保険料の未納がない人
一定程度以上の障害の状態にある人	●国民年金の「障害等級表」で定められた1級・2級にあたる障害がある（障害者手帳の等級とは異なる）

障害等級とは？

障害の程度 1級

- 他人の介助を受けないと日常生活のことがほとんどできない障害の状態
- 身のまわりのことはかろうじてできるものの、それ以上の活動はできない人（または行うことを制限されている人）
- 入院や在宅介護を必要とし、活動の範囲がベッドの周辺に限られるような人

障害の程度 2級

- 必ずしも他人の助けを借りる必要はなくても、日常生活は極めて困難で、労働によって収入を得ることができない障害の状態

〈例〉家庭内で軽食をつくるなどの軽い活動はできても、それ以上重い活動はできない（または行うことを制限されている）

〈例〉入院や在宅で、活動の範囲が病院内や家屋内に限られる

障害基礎年金の年金額（2024年4月分から）

1級	102万円＋子の加算額
2級	81万6000円＋子の加算額

子の加算額	
2人まで	1人につき23万4800円
3人目以降	1人につき7万8300円

#13
公的年金

老後の不安に備えよう

実は、年金は年々減っている？

✓長く働き、年金受給を遅らせる

公的年金制度は、現役世代が支払う保険料をシニア層の年金給付に充てる「世代間の支え合い」で運営されています。働く人の人数が増え、賃金の上昇がないと支え合いが難しくなり、年金額を減らして調整する期間が長くなってしまいます。

厚生労働省が２０１９年に公表した公的年金制度の〝定期健康診断〟とも言うべき財政検証では、経済が低迷したシナリオや順調に成長したシナリオなどでの予測がされています。それによると、65歳時点のモデル年金額が、現役世代男性の平均手取り収入の何パーセントに当たるかを示す「所得代替率」は、楽観的シナリオでは51・９％、悲観的シナリオだと44・５％となる見通しです（左図）。

これは現役世代の生活水準や購買力と比べて、年金世代の暮らし向きがどうなるかを示すもので、年金額そのものの減少を表すわけではありません。とはいえ、長く働いて収入を得ることや、５章で紹介する自分で年金を作る努力は必要です。

POINT!

- 年金財政は5年に1度、健全性をチェックしている
- できるだけ長く働いて収入を得よう
- 自分年金を作ることも重要

制度設計のチェック・所得代替率はどうなりそう？

ココに注目！

	年金月額	所得代替率	経済環境の前提		
			経済成長率（実質）	物価上昇率	賃金上昇率
2019年	22万円	61.7%	−0.2%	0.7%	0.4%
楽観的シナリオ（ケースⅠ）2046年度	26.3万円	51.9%	0.9%	2.0%	1.6%
中間的シナリオ（ケースⅢ）2047年度	24.0万円	50.8%	0.4%	1.2%	1.1%
悲観的シナリオ（ケースⅤ）2058年度	20.8万円	44.5%	0.0%	0.8%	0.8%

2019年 61.7%

2058年 44.5%

所得代替率って何？　65歳で受け取る年金額が、現役世代の手取り収入額（ボーナス込み）と比較してどのくらいの割合を示すもの。

対応策は「長く働き、年金受給を遅らせる」

1999年度生まれ（2019年度に20歳）のケース

受給開始時期	65歳 →	66歳9カ月
就労期間（年金保険料の拠出期間）	40年（20歳〜60歳） →	46年9カ月（20歳〜66歳9カ月）
所得代替率	50.8% →	61.7%
平均受給期間	25年3カ月（65歳〜90歳3カ月） →	23年6カ月（66歳9カ月〜90歳3カ月）

所得代替率は、2019年度に65歳の世代よりも低下する

❶66歳9カ月まで繰下げ受給を選択する

❷66歳9カ月になるまで働き、年金保険料を拠出する

❸❶と❷によって2019年度に65歳の世代と同じ所得代替率を確保できる見通しになる

2019年度に65歳の世代（22年4カ月）よりも平均余命が約3年伸びているため、平均受給期間も延びている

出所：厚生労働省「国民年金及び厚生年金に係る財政の現況及び見通し（詳細結果）－2019（令和元）年財政検証結果－」を基に作成。各シナリオの人口の前提は中位推計。年金月額は会社員の夫と専業主婦の妻のモデルケース、現役男子の平均手取り収入額は35.7万円で試算

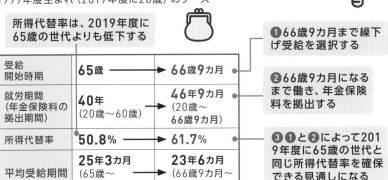

#14 老後の生活資金

老後の不安に備えよう

老後の生活資金はどれくらい必要？

✓「自分の場合」の収入と支出の差額を知ろう

「老後２０００万円問題」を覚えている人も多いのではないでしょうか。発端は、金融庁の審議会がまとめた報告書に、公的年金だけでは生活費が足りず、２０００万円不足するという試算があったこと。ただし、これは夫婦が95歳まで生きる前提で、収入と支出は２０１７年の総務省「家計調査」を使っています。

では、２０２２年の「家計調査」で試算したらどうなるでしょうか。65歳以上の夫婦２人無職世帯の場合、収入約25万円に対し、支出が約27万円で、１カ月に約2万円の赤字が出るため、１００歳まで生きると約８５０万円足りない計算になります。ただし、教養娯楽費が月額約2万円もかかっているので、これを見直せば、赤字を埋めることができるでしょう。これはあくまでもモデルケースでの試算であり、必ずこうなるとは限りません。「自分の場合」を知ることが大切です。

なお、この収支とは別に医療・介護費も用意しておく必要があります。

POINT!

- 老後の収入と支出から必要額を試算する
- 必要な生活資金は人それぞれに異なる
- 収支とは別に医療、介護費用は必要

高齢（65歳以上）2人以上無職世帯の収入と支出

例 65歳以上、2人以上、無職の場合

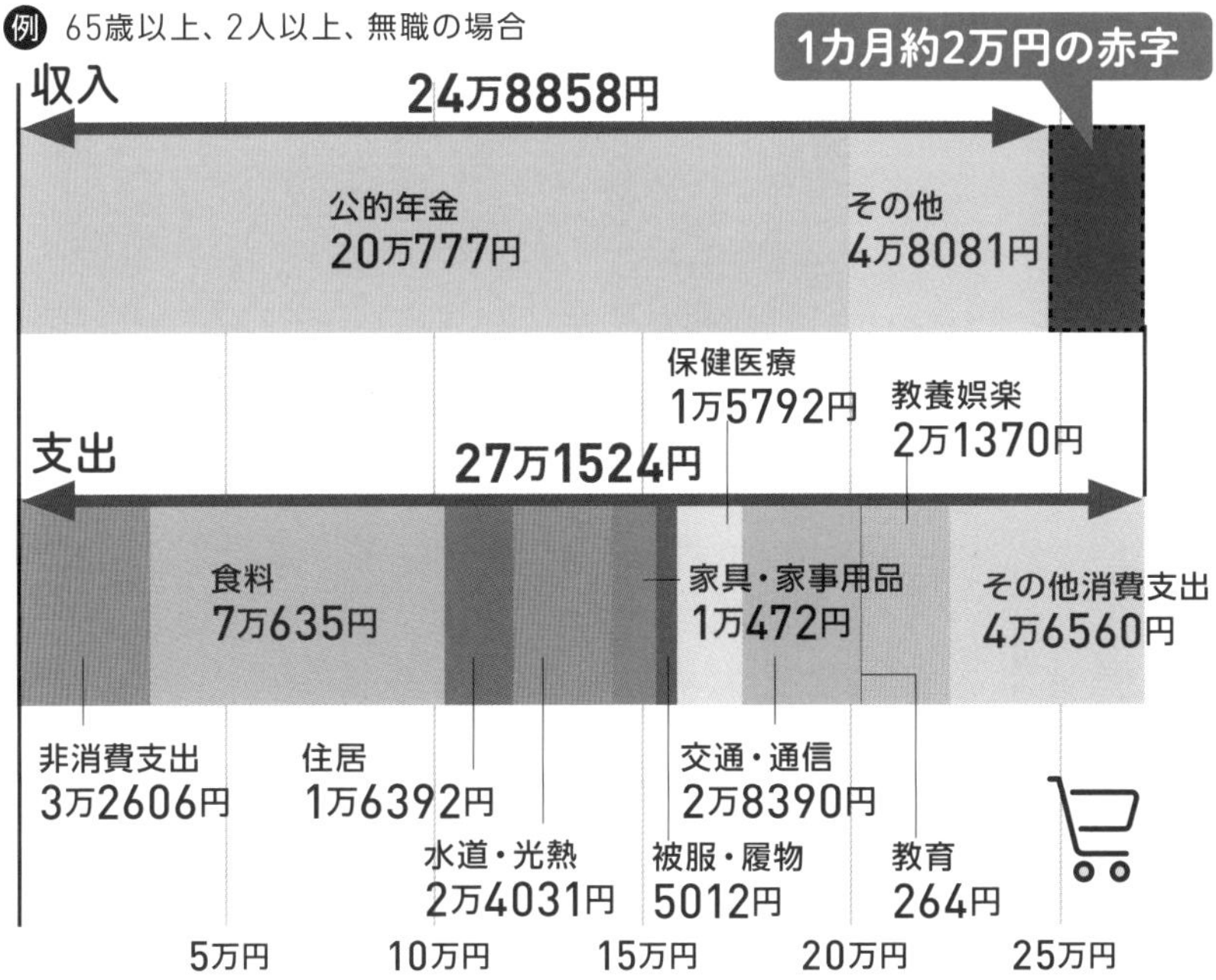

出所：総務省「家計調査」（2022年）

上記は65歳無職2人世帯の収支です。夫も妻もフリーランス（国民年金に40年加入）だった場合には、公的年金が13万6000円（2024年の場合）になり、その他の収入（4万8081円）を加えても、収入は月18万4081円となります。上記と同様の支出があった場合には、**月々約8.7万円の赤字**が出ることに……。家計を見直すことと、収入を増やすことが必要になります。

毎月2万円の赤字が続くといくら足りなくなる？

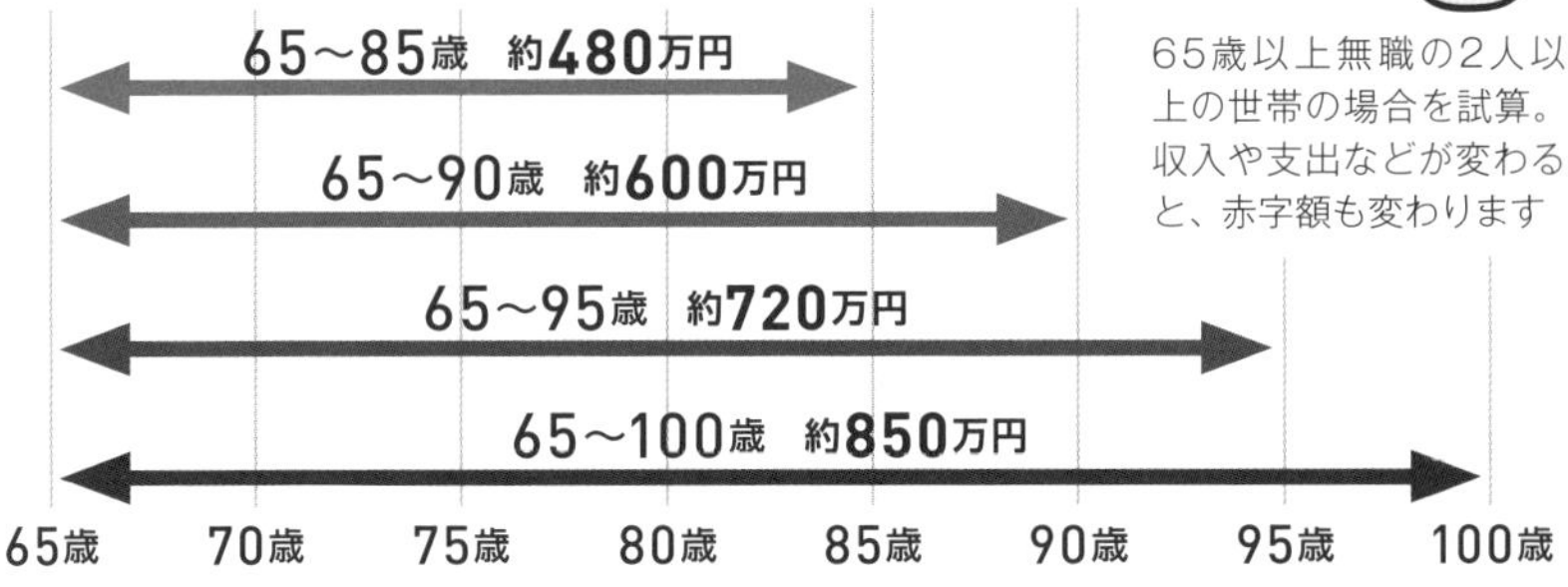

65歳以上無職の2人以上の世帯の場合を試算。収入や支出などが変わると、赤字額も変わります

#15
老後の
生活資金

老後の不安に備えよう

老後資金はいつから貯める？

✓できるだけ早く始めることが大切

ここまでを読んで、「老後資金の準備が大切なことはわかったけど、いまは独立の準備のほうが大切だから…」と思った人も多いのではないでしょうか。独立の準備が大切なことは言うまでもありません。でも、フリーランスの場合には、会社員に比べて社会保険が手薄なことも、頭に入れておくべきでしょう。

１８７ページの図は、65歳までに１０００万円貯める場合と、２０００万円貯める場合では、月々いくら貯めればいいかを表しています。

１０００万円貯める場合、25歳から始めると月々2万９０００円で済みますが、45歳だと月々4万１８００円貯める必要があります。２０００万円の場合でも、25歳なら月々4万１７００円ですが、45歳だと8万３４００円です。スタートする時期が早ければ早いほど、毎月の積立額が少なくて済むのです。老後資金の準備は、できるだけ早く始めて、無理なく続けることが大切です。

POINT!

早く準備を始めるほど毎月の積立額は少なくて済む

無理なく続けられる範囲で、できるだけ早く始める

65歳までに1000万円貯めるには、毎月いくら積み立てればいい？

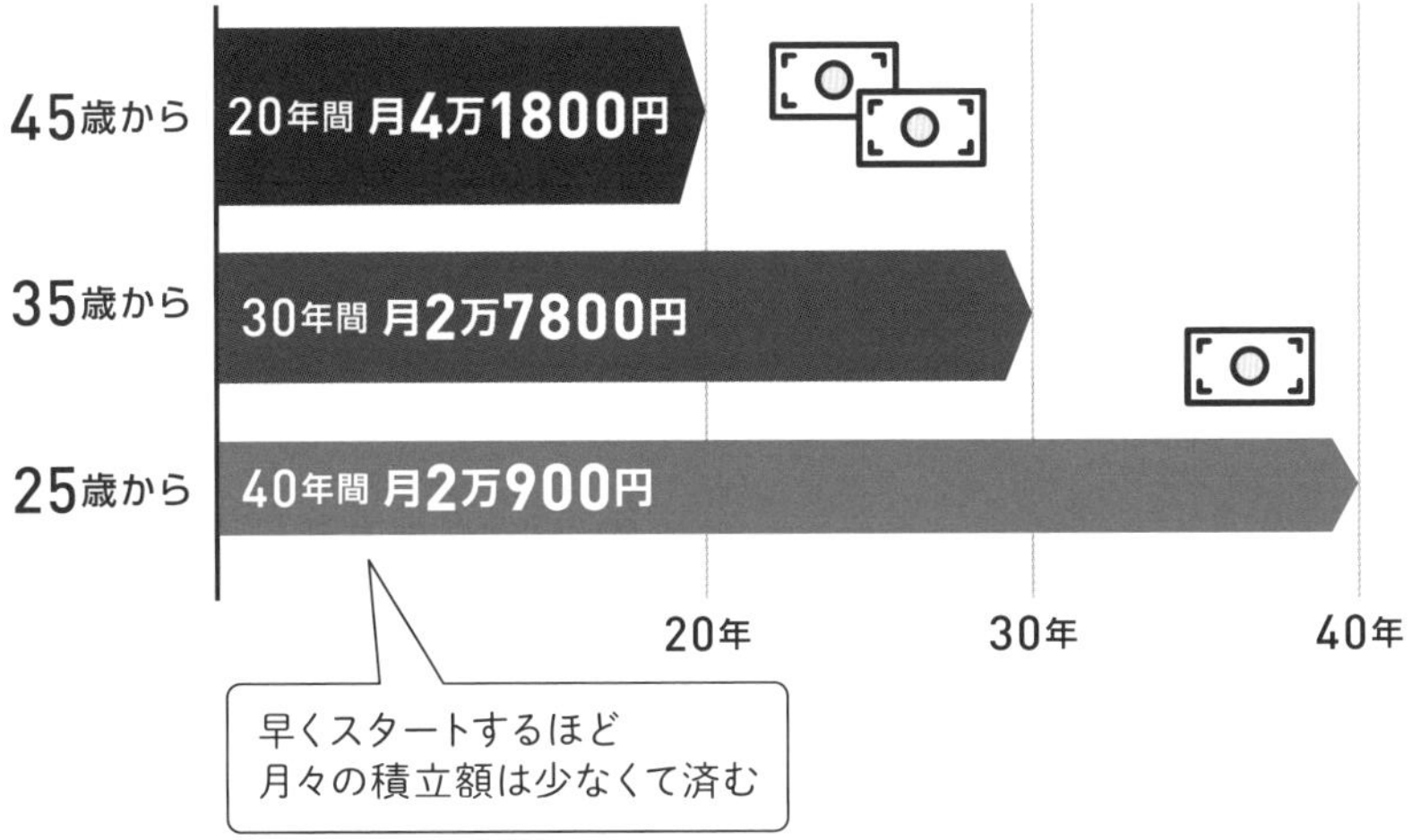

65歳までに2000万円貯めるには、毎月いくら積み立てればいい？

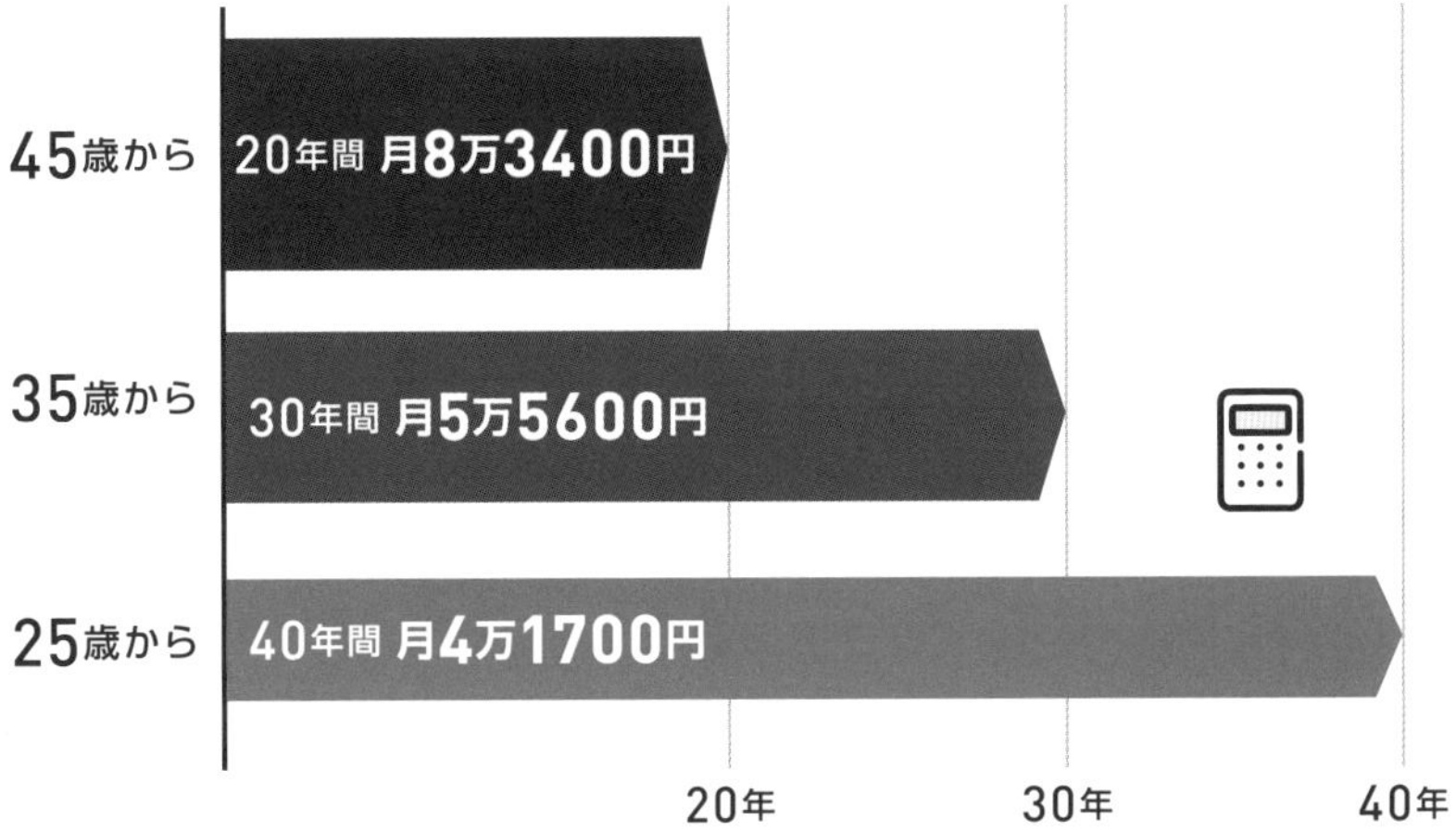

※運用利回りなしで試算

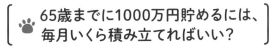

#16

年金を増やす

老後の不安に備えよう

フリーランスが年金を増やす方法

✓保険料の未納分を納めたり、保険料に上乗せしたりできる

フリーランスが加入する国民年金には、将来受け取る年金額（老齢基礎年金）を増やす方法があります。国民年金の加入期間が40年（４８０カ月）に満たない場合には、「国民年金の任意加入制度」を活用して、60歳以上65歳未満の間に国民年金保険料を納められます。ただし、４８０カ月分を超えて納めることはできません。また、免除期間のうち10年前までの分については、さかのぼって納めることも可能です。毎月の保険料に月額４００円の「付加保険料」を上乗せして払うと、老齢基礎年金に付加年金が上乗せされます。付加年金の年金額は「２００円×付加保険料納付月数」で、老齢基礎年金を2年受給すると元が取れます。「繰下げ受給」という、受け取り開始の時期を遅らせることで受け取る年金額を増やす方法もあります。５章で紹介する、ｉＤｅＣｏや国民年金基金、小規模企業共済など、年金を上乗せできる制度もしっかり活用しましょう。

POINT!

- 60歳以降に「任意加入制度」を活用する
- 月額400円の付加年金を上乗せする
- 年金の受け取り開始を遅らせる

［フリーランスが年金を増やす方法］

国民年金の任意加入制度を活用する

60歳以上65歳未満の5年間（納付月数480カ月まで）国民年金保険料を納める

使える人

国民年金加入期間が40年（納付月数480カ月）に満たない人

免除期間の保険料を納める

国民年金保険料の免除期間のうち10年前までさかのぼって納める

使える人

免除期間（特別納付期間）がある人

付加保険料を納める

付加保険料（月額400円）を上乗せして納める。将来の老齢基礎年金額に年額で［200円×付加年金保険料納付済月数］が上乗せされる

使える人

付加保険料納付を申し込んだ人

年金の繰下げ受給

老齢基礎年金を65歳で受け取らず、66歳以降75歳までの間で受け取る。繰り下げた期間に応じて増額された年金を一生涯受け取れる

使える人

66歳以降で繰下げ受給を希望する時期に手続きした人

［年金を上乗せできる制度を活用する］

	国民年金基金	iDeCo	小規模企業共済
誰が使える?	第1号被保険者なら加入できる		従業員20人（商業・サービス業は5人）以下の個人事業主など
月々の掛金	両方で最大6万8000円		最大7万円
受け取り方	終身年金	一時金または年金	一時金または年金
運用利回り	年率約1.5%	運用次第	年率約1%

#17

年金を増やす

老後の不安に備えよう
年金の繰上げ受給と繰下げ受給

✓65歳より後に受け取り始めると年金額が増える

現在の公的年金制度では、年金の受け取りを開始する時期は原則として65歳からですが、自分で申請することで60歳から75歳までの範囲で変更するできます。受給開始時期は1カ月単位で申請できます。

65歳よりも後に受給することを「繰下げ受給」といいます。1カ月繰下げるごとに受給額が0・7％増え、1年間繰り下げると8・4％増えます。上限の75歳まで繰り下げた場合には84％アップし、老齢基礎年金額は年額150万1440円(満額の場合)になる計算です。しかも、この年金額が一生涯続きます。

一方、65歳よりも前に受給することを「繰上げ受給」といい、1カ月繰上げるごとに受給額が0・4％減ります。60歳で受け取り始めた場合には、65歳で受け取り始める場合よりも24％減ることになります。長く働くつもりならば、繰下げ受給を検討して、増額された年金額を受け取ることを考えてみましょう。

POINT!

- 75歳から受け取ると年金額が84％アップする
- 増えた年金額、減った年金額が一生続く
- 一度手続きすると変更することはできない

繰上げ受給、繰下げ受給の注意点

繰上げ受給の注意点

- 老齢基礎年金と老齢厚生年金を一緒に繰上げることが必要
- 障害年金を受け取れない
- 一生涯減額された年金額が続く
- 老齢基礎年金の繰上げ請求をすると、取り消せない
- 国民年金の任意加入や保険料の追納ができなくなる

繰下げ受給の注意点

- 老齢厚生年金と老齢国民年金は別々に繰り下げできる
- 繰下げ待機期間（年金を受け取っていない期間）中は、加給年金額や振替加算を受け取れない
- 75歳を過ぎて請求を行っても増額率は増えない
- 年金が増額されて手取りが増えると、税金や社会保険料の負担が増える

フリーランスには
定年がありません。
長く働くのであれば、
繰下げ受給で増額された
年金を受け取ることを
考えましょう

老齢基礎年金を繰上げ受給、繰下げ受給した場合の受取額

支給率	年齢	年額
支給率 76%	60歳	62万200円
繰上げ受給	61歳	65万9300円
	62歳	69万8500円
	63歳	73万7700円
	64歳	77万6800円
支給率 100%	65歳	81万6000円
繰下げ受給	66歳	88万4500円
	67歳	95万3100円
	68歳	102万1600円
	69歳	109万200円
	70歳	115万8700円
	71歳	122万7300円
	72歳	129万5800円
	73歳	136万4400円
	74歳	143万2900円
支給率 184%	75歳	150万1400円

※老齢基礎年金額は2024年度の金額をもとに試算
年金は100円未満四捨五入

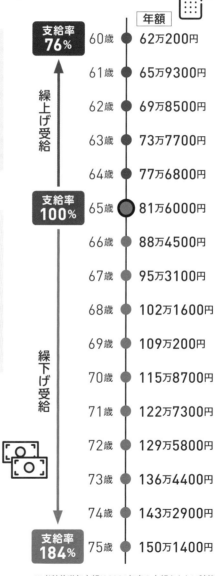

Column

フリーランスは 健康こそが最大の資本

フリーランスは仕事が不規則になりがち

時間や場所に縛られることなく、自由な働き方ができることはフリーランスの大きな魅力です。その一方で、自分1人で仕事を進めることが多いフリーランスは、仕事の時間が不規則になったり、仕事とプライベートが曖昧になったりということも起きがちです。長時間、パソコンを使って仕事をすることが多い場合には、ほとんど身体を動かさない人もいるかもしれません。

仕事が立て込んでいる時には、「稼げる時に、しっかり稼いでおこう」と無理をすることもあるでしょう。

週1〜2日は休日を設けるなどの工夫も必要

ですが、フリーランスは体が資本です。体調を崩して、仕事をすることができなくなったら、収入が途絶えてしまいます。

そうならないよう、きちんと建康を管理することが大切です。例えば、週に1日から2日は休日を設けたり、1日に働く時間の上限を決めたりすることも必要でしょう。運動不足にならないよう、意識して身体を動かすことも必要かもしれません。健康こそが最大の資本であることを忘れないでください。

Part 5

資産運用で老後資金を備える！

#1

iDeCo

iDeCo、国民年金基金で自分年金を作ろう

iDeCoって何?

✓節税しながら老後のお金を準備できる制度

フリーランスが老後のお金を準備するのに、ぜひ活用したいのがｉＤｅＣｏ（個人型確定拠出年金）です。国民年金や厚生年金に上乗せして自分で年金を作る、国の「私的年金」のひとつで、手厚い税制優遇を受けられます。20歳以上65歳未満（国民年金のみの加入者は60歳未満）なら誰でも加入できます。

ｉＤｅＣｏには、❶掛金（積み立てるお金）が全額所得控除の対象になり、所得税と住民税の節税効果がある、❷運用で得た利益や配当金、分配金には、通常、20.315％の税金がかかるが、ｉＤｅＣｏならば非課税になるのでおトク、❸60歳まで引き出せないので、他の目的に使う心配なく老後資金を準備できるうえ、受け取る時にも税制優遇メリットがある、という特徴があります。

運用商品を自分で選び、運用成績次第で、将来受け取る年金額が変わります。ｉＤｅＣｏの運用商品には、投資信託、保険、定期預金があります。

POINT!

- 自分で老後のお金を準備する国の制度
- 積立時、運用時、受取時に税制優遇がある
- 運用成績次第で受け取る年金額が変わる

iDeCoってなに？

iDeCo ＝ 自分で年金を用意するための制度

・原則として**20歳以上65歳未満**※なら誰でも入れる
・職業などで**掛金の上限が異なる**
・**運用商品は自分で選ぶ**
・運用成績次第で**将来受け取る年金額が変わる**
・原則として**60歳になるまで解約できない**
・**税金が優遇**されている

※第1号被保険者（フリーランスなど）や第3号被保険者（会社員や公務員に扶養される配偶者）は20歳以上60歳未満（40年加入している）

iDeCoの税制メリット

1 掛金を払うとき

掛金が全額所得控除

所得税、住民税が軽減される

月々の掛金が1万円、所得税10％、住民税10％なら年間2.4万円税金が軽減される

2 運用しているとき

運用益が非課税

通常は利益に約20％の税金がかかる。効率よくお金を増やせる可能性がある

利益が10万円の場合、通常は約2万円を税金で差し引かれるけど、iDeCoなら10万円を丸々運用できる

3 受け取るとき

一時金で受け取るなら退職所得控除、年金で受け取るなら公的年金等控除の対象

税負担が少なくなるため、手取りが増える

退職所得控除の計算方法

退職所得金額 ＝（退職金額ー退職所得控除）× $\frac{1}{2}$

この金額に対して、所得税や復興特別所得税、住民税がかかる

●退職所得控除の金額は？

勤続20年超

800万円＋70万円×（勤続年数ー20年）

勤続20年以下

40万円×勤続年数

※勤続年数5年以下の場合、退職所得控除額を差し引いた金額の300万円を超える部分は1/2を適用しない

#2

iDeCo

iDeCo、国民年金基金で自分年金を作ろう

iDeCoのすごい節税効果

✓iDeCoには3段階の節税効果がある

iDeCoには、❶掛金を積み立てる時、❷運用する時、❸運用したお金を受け取る時に、税金が優遇されます。❶では、毎月、掛金を拠出しますが、それが全額所得控除の対象になるのです。つまり、自分の所得から掛金を差し引くことができるので、その分、税金を減らすことができます。

❷では、通常なら利益が10万円出た場合、課税されて手元に残るのは7万9685円ですが、iDeCoなら10万円がそのまま残ります。❸では、将来、受け取る時に、年金で受け取る場合には「公的年金等控除」、一時金で受け取る時には「退職所得控除」があるので、節税できます

197~199ページでは、iDeCoを活用した場合に、どのくらいの節税メリットがあるのかをシミュレーションしています。あくまで一例であり、シミュレーションですが、節税効果の大きさは伝わるのではないでしょうか。

POINT!

掛金全額を所得から差し引ける

利益にかかる20.315%の税金がない

受け取る時にも節税メリットがある

iDeCoの節税効果

前提●年収500万円、40歳、自営業者が月々6万8000円を積み立てて、年率3%で20年間運用した場合

1 拠出時のメリット

節税メリット 年間24万8200円

1年あたりの節税メリット内訳

所得税のメリット	16万6600円
住民税のメリット	8万1600円
合計	24万8200円

2 運用期間中のメリット

節税メリット 運用利回り3.0%で → 運用期間20年の場合 → 118万9754円

通常課税対象となる部分がそのまま非課税 118万9754円

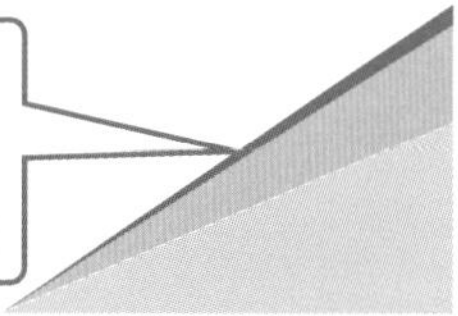

運用益 590万6102円
＋
積立元本 1632万円
＝
運用効果 2222万6102円

3 受け取り時のメリット

一時金での受け取り
※確定拠出年金のみを想定した金額

60歳にまとめて受け取り
2051万4812円

年金での受け取り
※確定拠出年金のみ60歳からの受け取りを想定した金額

5年間で受け取り	毎年421万3213円
10年間で受け取り	毎年211万8214円
15年間で受け取り	毎年141万9018円
20年間で受け取り	毎年107万2958円

出所：NTTデータエービック「iDeCoシミュレーション」で試算

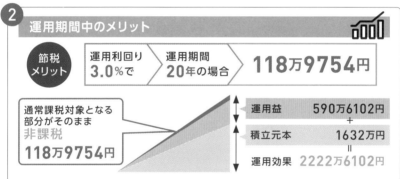

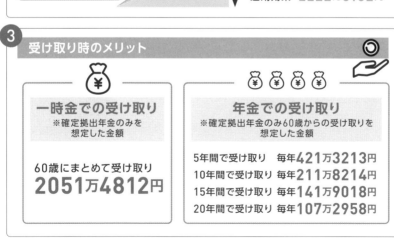

3パターンで比較　税制優遇のイメージ

35歳・自営業・男性Aさんの場合

●前提
年収400万円、配偶者あり、子ども1人（5歳）
月々の拠出額3万円
年率2％で運用、60歳で受け取り開始

拠出時

節税メリット　年間10万9500円

1年あたりの節税メリット内訳

所得税のメリット	7万3500円
住民税のメリット	3万6000円
合計	10万9500円

掛金の拠出期間を60歳までの25年とすると
272万2500円が優遇される

運用期間中

52万9649円

運用益
263万6229円
＋
積立元本
900万円
＝
運用効果
1163万6229円

40歳・フリーランス・女性Bさんの場合

●前提
年収350万円、シングル
月々の拠出額2万円
年率5％で運用、60歳で受け取り開始

拠出時

節税メリット　年間6万8900円

1年あたりの節税メリット内訳

所得税のメリット	4万4900円
住民税のメリット	2万4000円
合計	6万8900円

掛金の拠出期間を60歳までの20年とすると
137万3500円が優遇される

運用期間中

66万7787円

運用益
331万6089円
＋
積立元本
480万円
＝
運用効果
811万6089円

50歳・フリーランス・男性Cさんの場合

●前提
年収600万円、扶養する配偶者あり
月々の拠出額6万円
年率5％で運用、60歳で受け取り開始

拠出時

節税メリット　年間21万9000円

1年あたりの節税メリット内訳

所得税のメリット	14万7000円
住民税のメリット	7万2000円
合計	21万9000円

掛金の拠出期間を60歳までの10年とすると
219万円が優遇される

運用期間中

41万8852円

運用益
206万1789円
＋
積立元本
720万円
＝
運用効果
926万1789円

受け取り時

節税メリット　運用利回り 2.0%で　運用期間 25年の場合

一時金での受け取り
※確定拠出年金のみを想定した金額

60歳にまとめて受け取り
1162万6029円

年金での受け取り
※確定拠出年金のみを想定した金額

5年間で受け取り	毎年221万6963円
10年間で受け取り	毎年112万1351円
15年間で受け取り	毎年76万2567円
20年間で受け取り	毎年58万1811円

通常課税対象となる部分がそのまま非課税になる
52万9649円

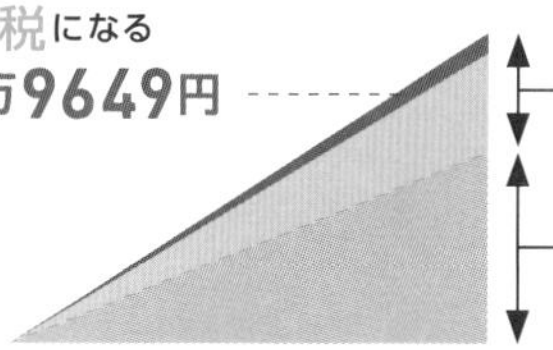

受け取り時

節税メリット　運用利回り 5.0%で　運用期間 20年の場合

一時金での受け取り
※確定拠出年金のみを想定した金額

60歳にまとめて受け取り
810万7389円

年金での受け取り
※確定拠出年金のみを想定した金額

5年間で受け取り	毎年155万2537円
10年間で受け取り	毎年79万5738円
15年間で受け取り	毎年54万1072円
20年間で受け取り	毎年40万5804円

通常課税対象となる部分がそのまま非課税になる
66万7787円

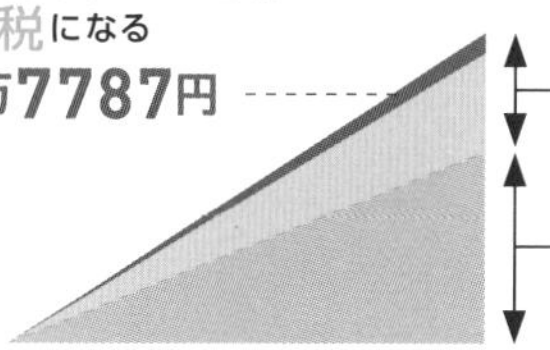

受け取り時

節税メリット　運用利回り 5.0%で　運用期間 10年の場合

一時金での受け取り
※確定拠出年金のみを想定した金額

60歳にまとめて受け取り
882万9814円

年金での受け取り
※確定拠出年金のみを想定した金額

5年間で受け取り	毎年176万7033円
10年間で受け取り	毎年90万1201円
15年間で受け取り	毎年61万6116円
20年間で受受け取り	毎年46万3089円

通常課税対象となる部分がそのまま非課税になる
41万8852円

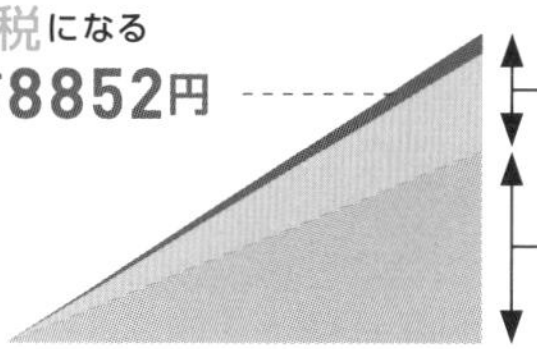

出所：NTTデータエービック「iDeCoシミュレーション」で試算

iDeCo、国民年金基金で自分年金を作ろう

国民年金基金って何？

✓ 終身年金で長生きリスクに備えられる

フリーランスが自分年金を作れる制度には、「国民年金基金」もあります。20歳以上60歳未満の国民年金の「第1号被保険者」が加入でき、60歳以降に国民年金に任意加入する人も加入可能です。

国民年金基金には、①終身年金がベースなので長生きリスクに備えられる、②掛金が全額所得控除の対象になり、配偶者も加入する場合には配偶者の掛金も所得控除の対象になる、③加入時に将来の年金額が確定する安心感がある、④自分で運用する必要がない、⑤終身年金のベース部分に、一定期間受け取れる確定年金を組み合わせるなど自由にプランを組める、などのメリットがあります。

国民年金基金とiDeCoは、両方の掛金合計が6万8000円を上限に併用もできます。なお、国民年金基金は、年齢や性別で掛金が異なることや、原則65歳まで引き出せないこと、インフレに弱いことも覚えておきましょう。

POINT!

- 国民年金に上乗せする制度
- 加入時に年金額が確定し、一生涯もらえる
- 掛金は全額所得控除の対象になる

国民年金基金のメリット、デメリット

メリット

- ☑ 加入時に将来の**年金額が確定**
- ☑ **終身年金**がベース
- ☑ 掛金が全額、**社会保険料控除の対象**になる
（配偶者が加入する場合は配偶者の分も適用できる）
- ☑ 万一の場合、**遺族に一時金**を支給（B型を除く）
- ☑ **運用指示の必要がない**

デメリット

- ☑ **インフレに弱い**
- ☑ **一時金で受け取れない**
- ☑ 原則、**65歳まで引き出せない**
- ☑ 年齢、性別で**掛金額が異なる**

国民年金基金の掛金上限は月額6万8000円です。
iDeCoと国民年基金を併用することもでき、
その場合は、合わせて6万8000円が上限になります

#4
小規模企業共済

退職金を準備しよう

小規模企業共済って何？

✓フリーランスなどが積み立てで退職金を準備できる制度

フリーランスが退職金を用意できる制度もあります。国の機関である中小機構が運営する「小規模企業共済制度」に加入すれば、積み立てで退職金を用意することができます。しかも、加入する年齢に制限がありません。

月々の掛金は１０００円から７万円まで５００円単位で自由に設定でき、増額や減額も可能です。掛金は全額所得控除の対象なので、節税効果もあります。積み立てた「共済金」は、退職や廃業する時に受け取ることができ、受け取り方は、「一括」、「分割」、「一括と分割の併用」を選べます。一括の場合には退職所得控除、分割の場合は公的年金等控除の対象になります。

掛金の範囲内で事業資金の貸付制度を利用することも可能です。ただし、掛金納付月数が12カ月未満の場合には掛け捨てのリスクがあるほか、掛金納付月数が２４０カ月（20年）未満で任意解約した場合は元本割れのリスクがあります。

POINT!

フリーランスが積み立てで退職金を用意できる

月々の掛金は1000円～7万円まで500円単位で設定

掛金は全額所得控除の対象で、節税効果もある

小規模企業共済って何？

- ☑ 小規模企業の経営者や役員、個人事業主などのための積み立てによる退職金制度
- ☑ 国の機関である中小機構が運営

小規模企業共済のメリットと留意点

メリット

- 加入に年齢制限がない
- 掛金は1000円以上500円単位で自由に設定・増減できる（限度額：月額7万円）
- 掛金が全額、小規模企業共済等掛金控除の対象
- 掛金の納付を一定期間（6カ月または12カ月）停止できる（所得がない、入院中、災害に遭遇した場合）
- 退職、廃業時等に共済金を受け取れる（一括、分割を選択できる）、また最悪の場合にはいつでも解約も可能
- 掛金の範囲内で貸付制度を利用できる
- ある程度インフレにも対応可能

留意点

- 掛金納付月数が6カ月未満（共済A、B）、12カ月未満（準共済金、解約手当金）の場合は掛け捨てのリスクがある
- 掛金納付月数が240カ月（20年）未満で任意解約した場合、元本割れのリスクがある

小規模企業共済は
加入に年齢制限がありません

#5

小規模企業共済

退職金を準備しよう

小規模企業共済で受け取れる「共済金」を知っておこう

✓契約者の立場や請求事由で共済金の種類が異なる

小規模企業共済には、「満期」や「満額」はありません。事業を廃止したり、法人を解散した場合や、役員を退任した場合などに「共済金」を受け取ることができますが、共済を契約した人の立場（個人事業主か、法人の役員か）や、共済金の請求（解約）事由によって、受け取る共済金の種類が異なります。

フリーランスの場合には、個人事業を廃業した場合や共済の契約者が死亡した場合は「共済金A」、65歳以上で１８０カ月以上掛金を払い込んだ人が老齢給付を受け取る場合は「共済金B」、法人成りした結果、加入資格がなくなり、解約した場合は「準共済金」、任意解約や掛金を12カ月以上滞納した場合（機構解約）、法人成りしたものの加入資格はなくならなかったけれど、解約した場合には「解約手当金」を受け取れます。なお、将来受け取る共済金の金額は、２０５ページ下表にようになります。

POINT!

- 契約者の立場や請求事由で共済金が異なる
- 廃業者や契約者が死亡した場合は「共済金A」
- 共済金の種類や掛金納付月数で共済金額が変わる

小規模企業共済は請求（解約）事由で受け取れる共済金が異なる

●個人事業主の場合

共済金等の種類	請求事由
共済金A	・個人事業を廃業した場合（※1）（※2） ・共済契約者が死亡した場合
共済金B	・老齢給付（65歳以上で180カ月以上掛金を払い込んだ人）
準共済金	・個人事業を法人成りした結果、加入資格がなくなったため、解約をした場合※3
解約手当金	・任意解約 ・機構解約（掛金を12カ月以上滞納した場合） ・個人事業を法人成りした結果、加入資格はなくならなかったが、解約をした場合※3

※1　複数の事業を営む場合、すべての事業を廃止したことが条件
※2　2016年3月以前に、配偶者または子へ事業の全部を譲渡したときは「準共済金」となる
※3　2010年12月以前に加入した個人事業主が、金銭出資により法人成りをしたときは「共済金A」となる

将来受け取る共済金の金額

掛金納付年数	5年（掛金合計額：60万円）	10年（掛金合計額：120万円）	15年（掛金合計額：180万円）	20年（掛金合計額：240万円）
共済金A	62万1400円	129万600円	201万1000円	278万6400円
共済金B	61万4600円	126万800円	194万400円	265万8800円
準共済金	60万円	120万円	180万円	241万9500円

出所：中小機構Webサイト「小規模企業共済」

NISAで自分年金をさらに上乗せ

NISAとiDeCoの使い分けのポイント

✓老後資金準備はiDeCo、60歳前に使うならNISA

自分年金を作る時に、ぜひ活用したい制度がもうひとつあります。それはNISA（少額投資非課税制度）。「自分で運用商品を選んで運用する」ため、iDeCoと比較されがちですが、それぞれの特徴を知って、賢く使い分けましょう。

まず、節税メリットですが、NISAは運用中に得た利益にかかる約20％の税金が非課税になるのに対し、iDeCoは掛金拠出時や受け取り時にも税制優遇があります。選べる商品では、NISAでは値動きのある商品から選ぶのに対し、iDeCoには元本保証商品も用意されています。また、NISAはいつでも解約できますが、iDeCoは原則、60歳になるまで引き出せません。

ここから、しっかり節税したい人や老後資金の準備を最優先したい人はiDeCo、教育資金などの準備にも活用したい人や、働く間はずっと運用を続けたい人はNISAという使い分けが考えられます。

POINT!

しっかり節税したいならiDeCo

老後資金準備が最優先ならiDeCo

教育資金などの準備にも使うならNISA

iDeCoとNISAの違い

税制優遇メリットは
iDeCoが
圧倒的に大きい

税制メリットの違い

NISA	税制優遇措置	iDeCo
×	拠出時（積立時）	○
○	運用中	○
×※	受け取り時	○

※退職所得控除や公的年金等控除の対象ではない

選べる商品

NISA（つみたて投資枠＋成長投資枠）	iDeCo
・**投資信託**（長期、分散、積立投資に適したもの） ・**個別株式、ETF、REIT**	・**投資信託** ・**定期預金** ・**保険**

NISAの投資信託は、金融庁が定める条件にあったものに限定される。
iDeCoは元本保証商品も選択できる

中途解約

NISA	iDeCo
いつでもOK	**できない。原則60歳まで引き出せない**（積立期間によって引き出せる年齢が異なる）

iDeCoは老後資金の準備が目的なので、60歳になるまでは原則として引き出せない。NISAはいつでも解約できるので、教育資金や住宅資金の準備もできる

いくらから積み立てられる？

NISA	iDeCo
1回100円～※	**毎月5000円～**

NISAはワンコインからチャレンジできる

※金融機関によって異なる

使い分けのポイント

- しっかり節税したい → iDeCo
- 老後資金の準備を最優先したい → iDeCo
- 少額から無理なく始めたい（途中で止める可能性もある）→ NISA
- 教育資金や住宅資金の準備にも使いたい → NISA
- 仕事をしている間はずっと積立、運用を続けたい → NISA

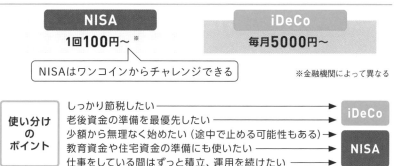

#7

NISA

NISAで自分年金をさらに上乗せ
NISAって何？

✓運用で得た利益を、まるまる享受できる制度

将来のために少しでもお金を増やしたいと思うなら、NISA（少額投資非課税制度）を使わないのは、もったいなさ過ぎます。これは、毎年一定金額の範囲内で購入した、投資信託や株式から得られる値上がり益や配当金・分配金が非課税になる制度です。

通常は、「特定口座」や「一般口座」という「課税口座」で投資信託や株式に投資しますが、「課税口座」という名前の通り、値上がり益や配当金、分配金に20・315％課税されます。利益が10万円だったなら、手元に残るのは7万9685円になってしまうのです。でも、NISAを活用して、「NISA口座」で運用することで、10万円の利益を10万円のまま受け取ることができます。

日本に住む18歳以上は誰でも利用でき、年齢の上限もありません。いつでも解約可能で、口座の維持にかかる手数料もありません。

POINT!

NISAでは運用で得た利益をまるまる手にできる

いつでも自由にお金を引き出せる

口座の維持などに手数料がかからない

iDeCoとNISAはどう違う？

iDeCo		NISA
老後資金の準備	目的	制限はない
20歳以上65歳未満※1	利用できる年齢	18歳以上
75歳になるまで	運用を続けられる期間	無期限
月々5000円～	最低積立金額	1回100円～（金融機関によって異なる）
14万4000円～81万6000円（職業や加入する年金によって異なる）	年間の投資金額上限	つみたて投資枠（積立投資のみ） 120万円 成長投資枠（通常の買い付け、積立投資） 240万円 （合計360万円）※2
定期預金、保険、投資信託	利用できる商品	つみたて投資枠（積立投資のみ）：長期・積立・分散投資に適した一定の投資信託 成長投資枠：上場株式、投資信託など
原則60歳以降（積立期間で受給開始年齢が異なる）	引き出せる時期	制限はない
原則60歳まで解約できない	途中解約の可否	いつでも解約できる
できる（配分変更、スイッチングともに可能）	運用途中での運用商品の変更	保有する銘柄を売却した場合、翌年以降に銘柄の変更が可能（ただし、年間の非課税枠上限の範囲内）
掛金拠出時（積立時）、運用時、受取時に税制優遇がある	税制上のメリット	運用で得た利益（値上がり益）、配当・分配金が非課税になる
	手数料	
2829円	加入時	0円
収納時手数料105円＋事務委託手数料66円＋運営管理手数料※3	運用時（毎月）	0円
受け取るごとに440円※4	受取時	0円

※1　第1号被保険者（フリーランスなど）や第3号被保険者（会社員や公務員に扶養される配偶者）は20歳以上60歳未満（40年加入）
※2　非課税保有限度額　1800万円（うち成長投資枠1200万円）
※3　運営管理手数料は金融機関によって異なる
※4　年金方式か一時金受取方式かで異なる

#8
新NISA

ＮＩＳＡで自分年金をさらに上乗せ

新ＮＩＳＡを知っておこう

✓非課税投資枠が１８００万円に拡大した

ＮＩＳＡは２０１４年にスタートした制度ですが、期限付きの措置だったり、投資金額が少ないなど、「残念」なところもありました。２０２４年1月からは、残念なところを改善した「新しいＮＩＳＡ（新ＮＩＳＡ）」がスタートします。

新ＮＩＳＡは、制度が恒久化され、ＮＩＳＡ口座で購入した商品を保有できる期間が無期限になります。また、個別の株式や投資信託（公募株式投資信託）などに投資できる「成長投資枠」は年間２４０万円まで、長期・積立・分散投資に適した一定の投資信託への積立投資をする「つみたて投資枠」は年間１２０万円まで投資でき、この２つを併用することが可能です。

一生涯に使える非課税投資枠は、購入時の価格（簿価）で１８００万円あり、このうち１２００万円が成長投資枠です。保有する金融商品を売却した場合には、翌年以降に、年間投資枠の範囲内で、新たな商品を買うことができます。

POINT!

- 非課税保有期間が無期限になった
- 2つの投資枠を併用できる
- 非課税投資枠が1800万円ある

「新しいNISA」はこんな制度

	成長投資枠	つみたて投資枠
投資可能期間	恒久化	
非課税保有期間	無期限化	
年間投資枠	240万円	120万円
非課税保有投資額（総枠）	買付残高で1800万円（うち成長投資枠1200万円）	
投資対象商品	上場株式、公募株式投資信託※ など	長期・積立・分散投資に適した一定の投資信託（現行のつみたてNISA対象商品と同様）
口座の利用	つみたて投資枠と成長投資枠の併用が可能（1口座で管理）	
非課税口座の再利用	できる（年間の非課税枠上限の範囲内に限る。超える分は翌年以降に再投資）	
対象年齢	18歳以上	

※①整理・監理銘柄、②信託期間20年未満、高レバレッジ型及び毎月分配型の投資信託を除外

出所：金融庁

2023年末までに従来のつみたてNISAや一般NISAで投資した商品は、新しいNISAとは別に、非課税投資期間終了まで非課税措置が適用されます。なお、従来の制度の非課税枠で保有する商品を新しいNISAに移すことはできません

新制度では簿価（購入時の価格）で投資上限の範囲内なら非課税枠を再利用できる

●つみたて投資枠の場合

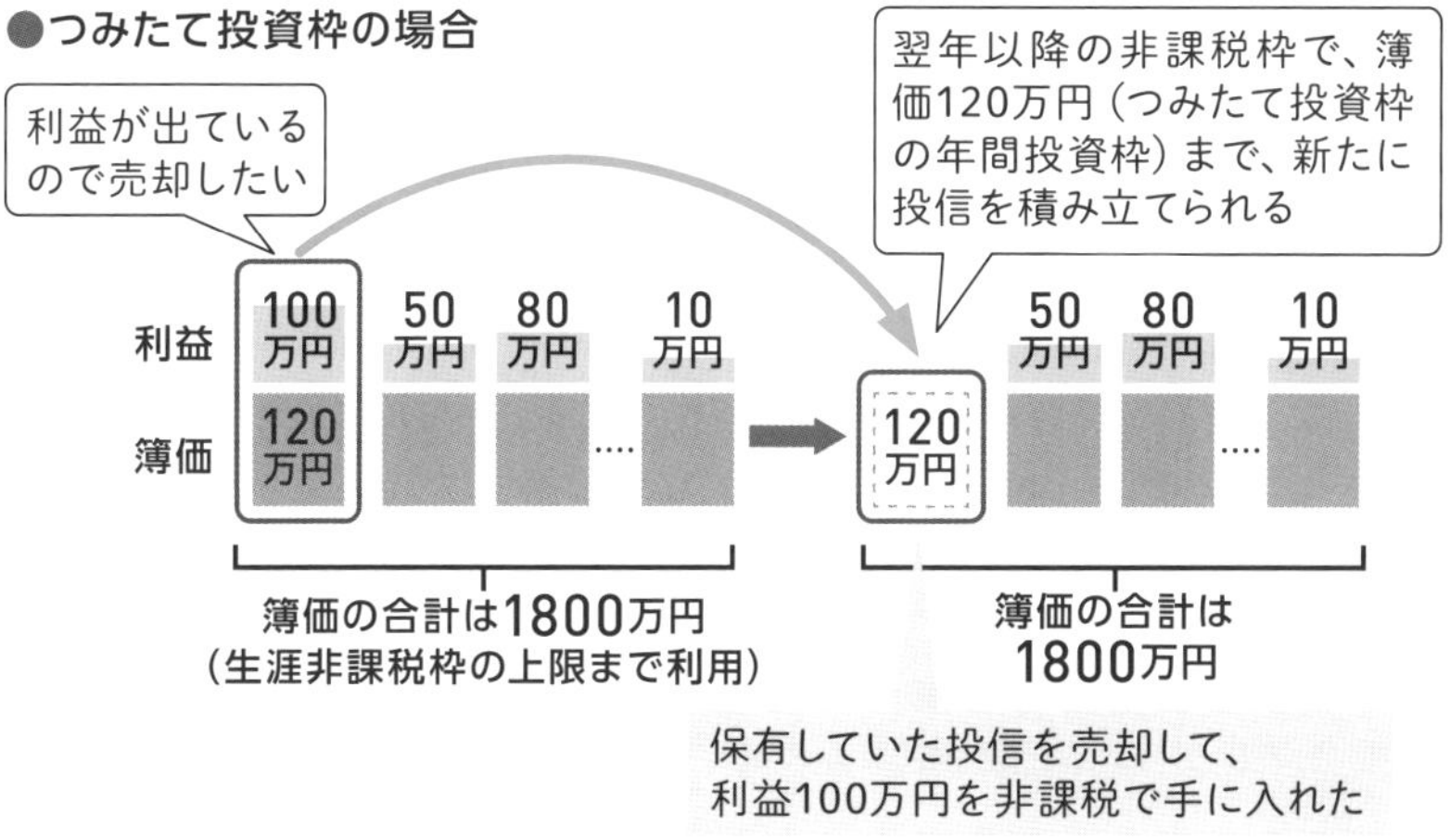
利益が出ているので売却したい
翌年以降の非課税枠で、簿価120万円（つみたて投資枠の年間投資枠）まで、新たに投信を積み立てられる
利益
簿価
100万円
120万円
50万円
80万円
10万円
120万円
50万円
80万円
10万円
簿価の合計は1800万円（生涯非課税枠の上限まで利用）
簿価の合計は1800万円
保有していた投信を売却して、利益100万円を非課税で手に入れた

#9
運用商品（投資信託）

iDeCo、NISAはどう増やす？

iDeCo、NISAは何を積み立てる？

✓「増やしたい」なら外国株式インデックス投信を積み立てる

運用商品を選ぶ時には、「なぜ投資するのか」を考えることが大切です。フリーランスは会社員に比べて社会保険の給付が少なめですから、自分で老後資金などを準備することが不可欠になります。その際、超低金利が続く預貯金だけでは、「増やす」ことは難しいでしょう。税制優遇のあるiDeCoやNISAでは、ある程度のリスクを引き受けながら、増やすことが得策と言えそうです。

左ページ上の図は、月々３万円ずつ、20年間積み立てを続け、年率５％で運用できた場合のシミュレーションです。元本７２０万円から約５１３万円の運用収益を得られ、約１２３３万円に増えています。「年率５％なんて無理でしょ？」と思うかもしれませんが、例えば外国株に分散投資するインデックス投資信託ならば、絶対ではないものの、実現することができそうです。次ページでは、iDeCoとNISAで積み立てる投資信託の例を紹介しています。

POINT!

- 預貯金ではお金はふやせない
- 税制優遇を活かして「増やす」運用をする
- 外国株インデックス投信を積み立てよう

外国株式インデックス投信を20年積み立てたらどうなる？

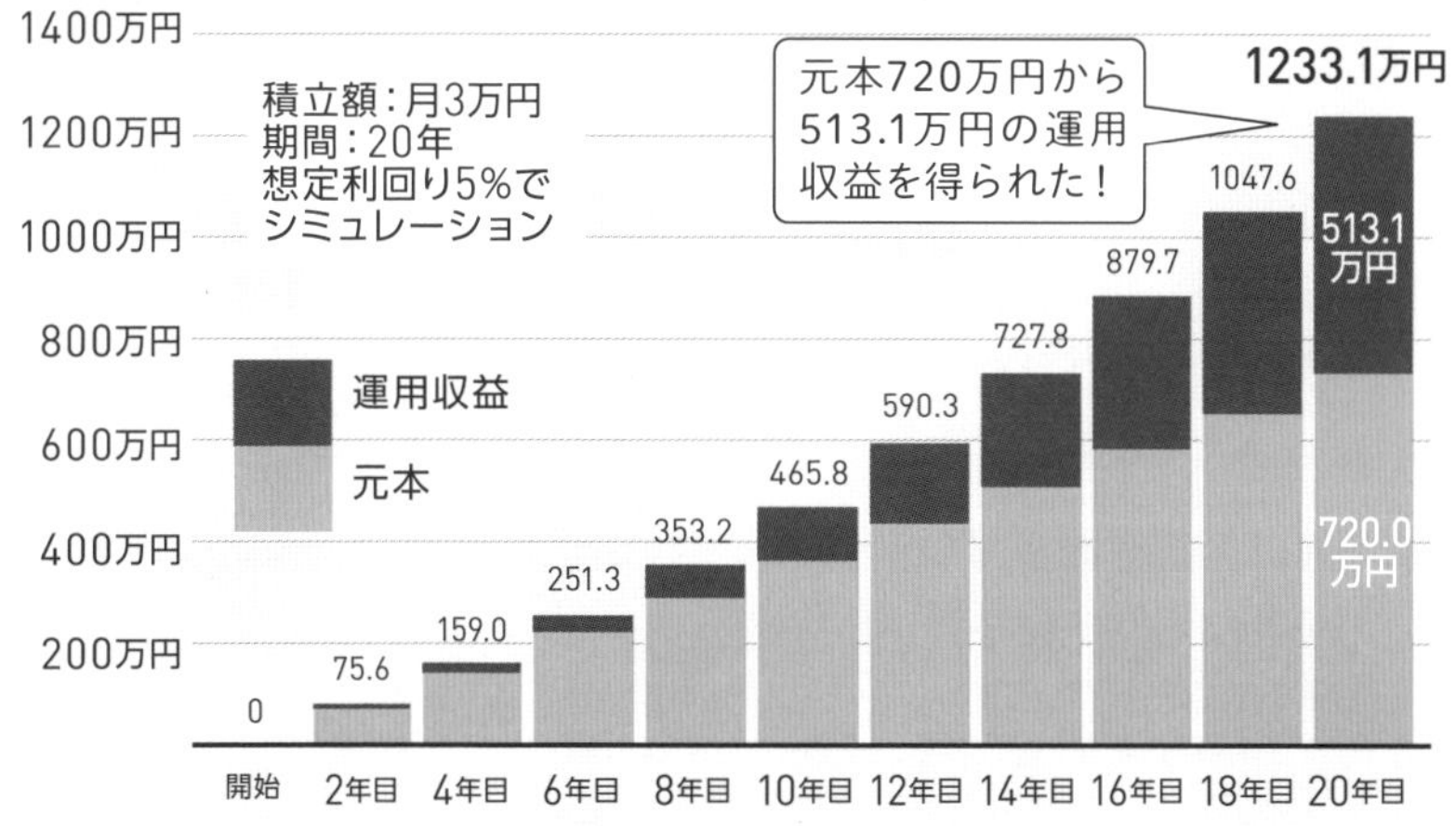

※手数料、税金等は考慮していない、また実際の運用結果とは異なる場合がある
出所：金融庁「NISA特設ウェブサイト・資産運用シミュレーション」でのシミュレーション結果を基に作成

投資信託を選ぶポイント

いつまでに？ どんな目的で（教育資金、住宅購入資金、老後資金など） いくら必要？

運用目標 を決めて、 **目標に適した投資信託** を選びましょう

運用成績	なるべく長い期間の運用状況を確認、比較する（期間が短いと「たまたま」運用成績が良かった場合もありうる）
コスト	運用期間中にかかる「信託報酬（運用管理費用）」や解約時にかかる「信託財産留保額」などを確認。コストが高すぎると運用収益を圧迫する原因に
リスク	運用成績がいい投信は、リスク（値動き）も大きい場合も。あまりリスクを取りたくない人や資金に余裕がない人はリスクもリターンもマイルドなものを選ぼう
純資産残高	その投資信託が運用している資産の額。少なすぎると、運用が中止されてしまうことも。50億円以上あることを目安に選ぼう
残りの運用期間	自分の運用目標に達する前に運用が終わってしまわないよう、運用期間が無期限のものを選びたい

積み立てる投資信託の例

NISA（つみたて投資枠）

外国株式インデックス

eMAXIS Slim全世界株式(オール・カントリー)

運用会社：三菱UFJアセットマネジメント

基準価額 —— 1万9504円
純資産総額 — 1兆5120.19億円
騰落率（3年）- 73.8%
信託報酬 —— 年率0.05775%

先進国23カ国、新興国24カ国の大型株、中型株に投資

MSCIオール・カントリー・ワールド・インデックス（除く日本、配当込み、円換算ベース）に連動する投資成果を目指す

SBI・全世界株式インデックス・ファンド『愛称：雪だるま（全世界株式）』

運用会社：SBIアセットマネジメント

基準価額 —— 1万8170円
純資産総額 — 1372.93億円
騰落率（3年）- 72.92%
信託報酬 —— 年率0.0682%程度

48カ国（先進国、新興国）の大型株、中型株、小型株に投資

FTSEグローバル・オールキャップ・インデックス（円換算ベース）に連動する投資成果を目指す

eMAXIS Slim先進国株式インデックス

運用会社：三菱UFJアセットマネジメント

基準価額 —— 2万3429円
純資産総額 — 5317.55億円
騰落率（3年）- 82.3%
信託報酬 —— 年率0.09889%以内

日本を除く先進国22カ国の大型株、中型株に投資

日本を除く先進国の株式市場の値動き（MSCIコクサイ・インデックス〈配当込み、円換算ベース〉）に連動する投資成果を目指す

バランス型

eMAXIS Slimバランス（8資産均等型）

運用会社：三菱UFJ国際投信

基準価額 —— 1万4432円
純資産総額 — 2192.66億円
騰落率（3年）- 33.50%
信託報酬 —— 年率0.143%

国内外の株式や債券、不動産（8資産）に均等に投資

国内外（先進国・新興国）の株式・債券と国内と先進国の不動産（REIT）に12.5%ずつ投資する

※データは2023年10月現在

積極投資派は外国株式インデックス

「それなりに高いリスクを取ってでも、積極的に増やしたい」人は、世界経済が成長する波に乗って資産を増やすことが期待できる、外国株式インデックス投信を積み立てることを考えましょう。ちなみに、インデックス投信は、代表的な株価指数などに連動する投資成果を目指して運用する投資信託で、運用中にずっとかかる「信託報酬」と呼ばれるコストが低く抑えられています。

iDeCo

外国株式インデックス

eMAXIS Slim全世界株式（オール・カントリー）

運用会社：三菱UFJアセットマネジメント

基準価額 —— 1万9504円
純資産総額 — 1兆5120.19億円
騰落率（3年）- 73.8%
信託報酬 —— 年率0.05775%

SBI証券、楽天証券、マネックス証券などで投資可能

ＭＳＣＩオール・カントリー・ワールド・インデックス（除く日本、配当込み、円換算ベース）に連動する投資成果を目指す

SBI・全世界株式インデックス・ファンド『愛称 ： 雪だるま（全世界株式）』

運用会社：SBIアセットマネジメント

基準価額 —— 1万8170円
純資産総額 — 1372.93億円
騰落率（3年）- 72.92%
信託報酬 —— 年率0.0682%程度

SBI証券で投資可能

FTSEグローバル・オールキャップ・インデックス（円換算ベース）に連動する投資成果を目指す

eMAXIS Slim先進国株式インデックス

運用会社：三菱UFJアセットマネジメント

基準価額 ———— 2万3429円
純資産総額 ——— 5317.55億円
騰落率（3年）—— 82.3%
信託報酬 ———— 年率0.09889%以内

SBI証券、楽天証券、マネックス証券などで投資可能

日本を除く先進国の株式市場の値動き（ＭＳＣＩコクサイ・インデックス〈配当込み、円換算ベース〉）に連動する投資成果を目指す

楽天・全世界株式インデックス・ファンド

運用会社：楽天投信投資顧問

基準価額 ———— 1万8645円
純資産総額 ——— 3448.35億円
騰落率（3年）—— 72.4%
信託報酬 ———— 年率0.132%

楽天証券で投資可能

FTSEグローバル・オールキャップ・インデックス（円換算ベース）に連動する投資成果を目指す

バランス型

eMAXIS Slimバランス（8資産均等型）

運用会社：三菱UFJ国際投信

基準価額 ———— 1万4432円
純資産総額 ——— 2192.66億円
騰落率（3年）—— 33.50%
信託報酬 ———— 年率0.143%

SBI証券、楽天証券、マネックス証券などで投資可能

国内外（先進国・新興国）の株式・債券と国内と先進国の不動産（REIT）に12.5%ずつ投資する

※データは2023年10月現在

安定投資派はバランス型

「リターンはまずまずでいいから、リスクを抑えたい」人は、バランス型投信を積み立てます。１本で国や地域の異なる、株式や投資信託、REIT（リート/不動産投資信託）に分散して投資します。株式が値下がりしても、債券の値段が上がりするなどの効果が期待できるので、値動きもマイルドです。

#10
お金の受け取り方

幸せな老後のために、お金はいつ、どう受け取ればいい？

「いつまで働くか」はどう決める？

いくらあれば老後の経済的不安がなくなるかを把握する

定年がないフリーランスは、何歳になっても働くことができます。とはいえ、「生涯現役という生き方はカッコいいけれど、自分は死ぬまで働き続けるのはちょっと……」と思う人もいるかもしれませんね。

「いつまで働くか」を考える時には、「お金がいくらあれば、老後生活の経済的な不安がなくなるのか」を知ることが重要です。「経済的な不安がなくなる」のは、「老後に必要な生活費」よりも、「年金の予想受取額＋仕事を辞めるときの予想資産額」が多くなった時と言えます。

第４章で紹介したように、国民年金に加入できる（保険料を支払う）のは、60歳になるまでですが、受け取り開始時期は75歳になるまで遅らせることができ、かつ、受け取る老齢基礎年金額を増やせます。自分の老後にはいくら必要で、いつどのくらいのお金を準備できるかを試算して、自分の退職時期を考えましょう。

POINT!

- 老後の経済的不安がなくなる「金額」を知る
- 老後に必要な生活費は人それぞれに違う
- 自分がいつ、いくら準備できるかを知ろう

働く年齢と将来受け取れるお金

例 45歳で独立し、国民年金基金（A型）に3口加入した場合

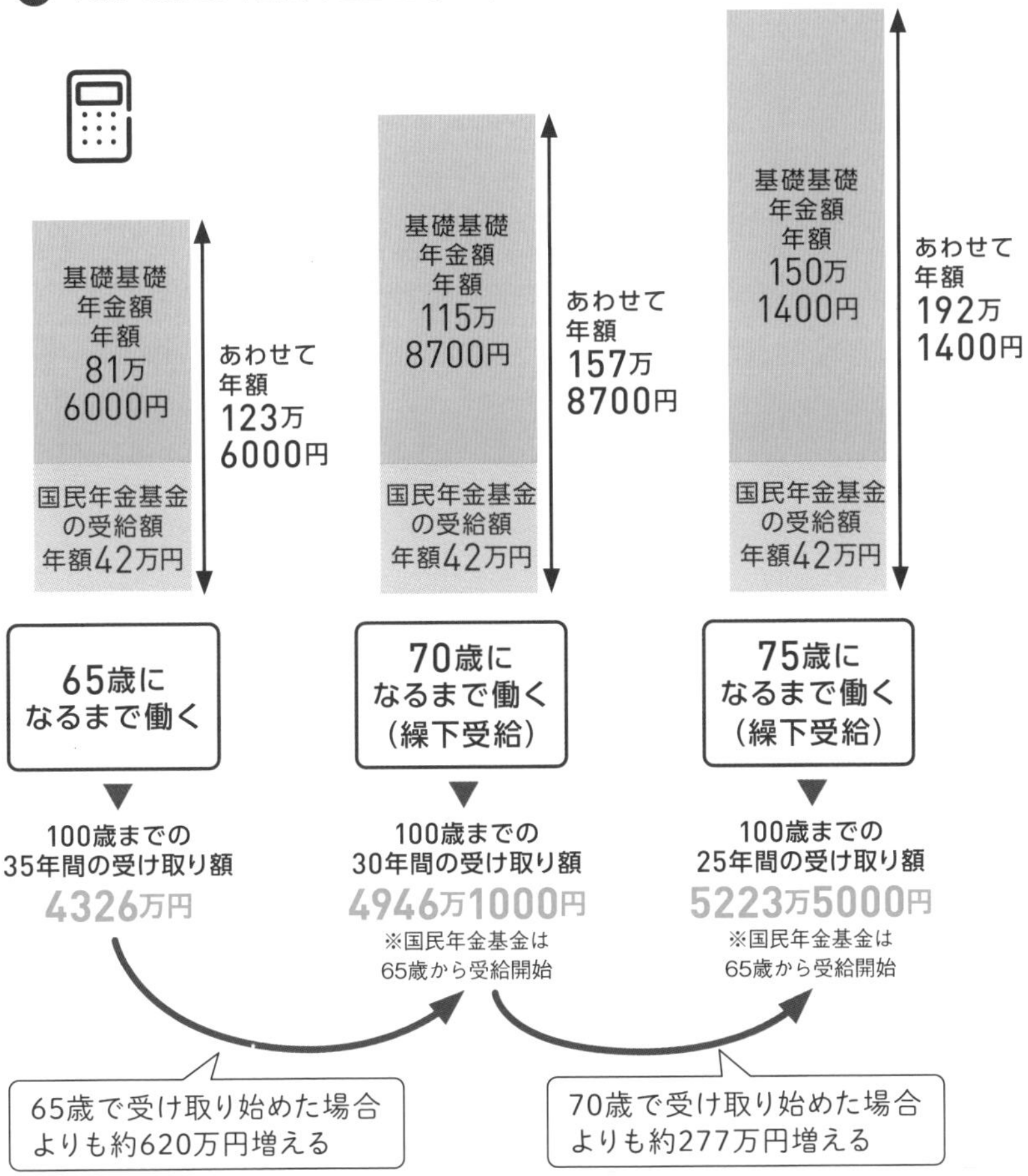

※老齢基礎年金は2024年度の金額。会社員時代の厚生年金は考慮していない。

「いつまで働くか」の考え方

老後に必要な生活費 ＜ **年金の予想受給額** ＋ **仕事を辞める時の予想資産額**

の状態になれば、老後生活の不安を減らせます。公的年金のほかに、いくら必要かを計算して、仕事を辞める時期を決めましょう。

#11
老後に必要な生活費

幸せな老後のために、お金はいつ、どう受け取ればいい？

自分の老後に必要なお金はいくら？

✓「老後に必要な生活費」をざっくりと見積もろう

いつまで働くかを決めるには、「老後に必要な生活費」を知る必要があります。「そんなこと、まだわからないよ」と言っている人もいそうですね。そこで、老後に必要なお金をざっくり計算する方法をお伝えします（219ページ）。

まず、年間の生活費を計算します（Ⓐ）。ポイントは、毎月の生活費を現役時代の7割程度に見積もること。現役時代ほどには食費などがかからないからです。

次に、平均余命までの生活費の不足額を計算します（Ⓑ）。年間の年金額は税金で差し引かれる分を考慮し、受給額の8割として計算するといいでしょう。

最後に、生活費の不足額（Ⓑ）に医療費や介護費用を足すと、必要なお金を計算することができます（Ⓒ）。少なくとも、このⒸの金額を、仕事を辞めるまでに準備する必要があります。大切なのは「自分の場合はどうか」を知って、備えること。なお、220～223ページでは老後資金の考え方の事例を紹介します。

POINT!

「自分の」老後にはいくら必要かを計算する

生活費は現役時代の7割で見積もる

生活費の不足額に医療介護費用をプラスする

老後に必要なお金はいくら？

❶ 年間の生活費を算出する

毎月の生活費［　　万円］× 12カ月 ＋ 年単位の支出［　　万円］＝ Ⓐ 年間の生活費［　　万円］

毎月の生活費：現役時代の毎月の生活費［　　万円］× 0.7

年単位の支出：臨時支出など

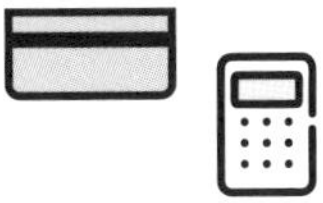

❷ 平均余命までの生活費の不足額を算出する

［Ⓐ 年間の生活費［　　万円］－ 年間の年金額［　　万円］× 0.8］× 65歳から平均余命までの年数［　　年］

× 0.8：税金で差し引かれる分を考慮する

＝ Ⓑ 生活費の不足額［　　万円］

❸ 老後に必要なお金を算出する

Ⓑ 生活費の不足額［　　万円］＋ 医療費や介護費用など［　　万円］＝ Ⓒ 老後に必要なお金［　　万円］

老後の生活費の目安

老後の最低日常生活費

月額 平均23.2万円

▲

公的年金＋自分年金で最低限用意すべき金額

65歳から85歳まで	5568万円
65歳から90歳まで	6960万円
65歳から95歳まで	8352万円

ゆとりある老後の生活費・月額

月額 平均37.9万円

▲

ゆとりある生活のために公的年金＋自分年金で用意したい金額

65歳から85歳まで	9096万円
65歳から90歳まで	1億1370万円
65歳から95歳まで	1億3644万円

出所：生命保険文化センター「生活保障に関する調査」／2022（令和4）年度

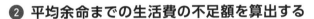

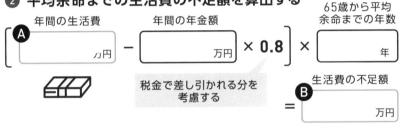

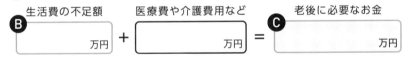

ケース❶ 50歳からiDeCoに加入した場合

前提

年率3%で運用できたと仮定

iDeCo	月額6.8万円	60歳になるまで掛金を拠出

iDeCo　60歳時の運用成果 約950万円 → 75歳になるまで運用を継続 約**1480**万円

75歳までに準備できる老後資金　**約1480万円**

老後に使えるお金

老齢基礎年金額	**年額約150万1400円**
老後資金	**1480万円**（100歳まで生きる場合、1年あたり 約**59**万円）

※老齢基礎年金は2024年の年金額をもとに試算

ケース❶の老後（75～100歳）に使えるお金

年額約209万円

50歳からiDeCoに加入して、60歳まで積立を続け、以降は運用のみを続けて75歳から引き出します。この場合、自由に使えるお金は年額209万円となり、219ページ下表の「老後の最低日常生活費」ギリギリという結果に……。

ケース❶の場合、老齢基礎年金を75歳から受け取る場合、年間約150万1400円です。
自分で準備した老後資金が約1480万円あるので、残念ながら最低日常生活費になりそうです

※税金や社会保険料は考慮していません

ケース② 労働収入と公的年金だけの場合

前提

75歳になるまで働く場合、預貯金が2000万円あると想定した例

iDeCo	0円
NISA	0円
小規模企業共済	0円
預貯金	2000万円

75歳までに準備できる老後資金

約2000万円

老後に使えるお金

老齢基礎年金額	年額約**150万1400**円
老後資金	預貯金**2000万円**（100歳まで生きる場合、1年あたり 約**80万円**）

※老齢基礎年金は2023年の年金額をもとに試算

ケース②の老後（75～100歳）に使えるお金

年額約236万円

老後の最低日常生活費は額278万4000円、ゆとりある老後の生活費は年額454万8000円と考えると、長生きするにはお金が足りない……。75歳以降も働く必要があるかも

預貯金だけだとインフレに負けてしまう心配も…
フリーランスが老後も安心して暮らすには、
iDeCoや国民年金基金、NISA、小規模企業共済を
活用して、自分で年金を準備することが不可欠です

※税金や社会保険料は考慮していません

ケース③　50歳からNISAに加入した場合

前提

年率3％で運用できたと仮定

NISA	月額5万円	75歳になるまで掛金を拠出

NISA	75歳になるまで運用を継続	約**2230**万円
	75歳までに準備できる老後資金	約**2230**万円

ちなみに、NISAで月々10万円ずつ、
75歳になるまで積み立てた場合には、
約4460万円を準備できます

老後に使えるお金

老齢基礎年金額	年額**150**万**1400**円
老後資金	**2230**万円（100歳まで生きる場合、1年あたり 約**89**万円）

※老齢基礎年金は2024年の
年金額をもとに試算

ケース③の老後（75〜100歳）に使えるお金

年額約239万円

NISAと課税口座を併用してで月々10万円ずつ
積み立てた場合には、1年あたり約178万円を用意でき、
約324万円を使えるようになり、
最低日常生活費＋αのお金ができる※

ケース③の場合、老齢基礎年金を75歳から受け取る場合、年間150万1400円です。自分で用意した老後資金は約2230万円あるものの、老後の最低日常生活費（年額278.4万円）には届きません。

※税金や社会保険料は考慮していません

ケース④ 50歳からiDeCo、NISA、小規模企業共済に加入した場合

前提

年率3%で運用できたと仮定

iDeCo	月額5万円	60歳になるまで掛金を拠出
NISA	月額3万円	75歳になるまで積み立て
小規模企業共済	月額5万円	75歳になるまで掛金を拠出

iDeCo	60歳時の運用成果 約699万円 →	75歳になるまで運用を継続 約1089万円
NISA		75歳時の運用成果 約1338万円
小規模企業共済		75歳に受け取り（共済金A）約1817万円
	75歳までに準備できる老後資金	約4244万円

ケース④の場合、老齢基礎年金を75歳から受け取る場合、年間150万1400円です。そのほかに、約4244万円の余裕資金もあるので、安心して暮らせそうです

老後に使えるお金

老齢基礎年金額　年額150万1400円

老後資金　約4244万円（100歳まで生きる場合、1年あたり 約170万円）

※老齢基礎年金は2024年の年金額をもとに試算

ケース④の老後（75〜100歳）に使えるお金

年額約320万円

ケース④は、50歳からiDeCo、NISA、小規模企業共済に加入します。この場合、75歳になるまでに約4244万円を用意することができる計算です。年間約320万円を使うことができるので、多少は余裕のある暮らしができるでしょう。

※税金や社会保険料は考慮していません

ゆとりある老後生活には足りませんが、最低日常生活費よりは余裕があります

井戸美枝

ファイナンシャルプランナー（CFP® 認定者）、社会保険労務士、経済エッセイスト。

前社会保障審議会企業年金・個人年金部会委員。国民年金基金連合会理事。


講演や執筆、テレビ、ラジオ出演などを通じ、生活に身近な経済問題、年金・社会保障問題について解説している。近著に『今すぐできる！iDeCoとつみたてNISA超入門』（共著、扶桑社）、『一般論はもういいので、私の老後のお金「答え」をください！増補改訂版』（日経BP）、『お金がなくてもFIREできる』（日経プレミアシリーズ）、『最新データと図解でみる 定年後のお金と暮らし』（宝島社）、『親の終活、夫婦の老活』（朝日新書）など多数。

2023年下半期は、田中靖浩氏が塾長を務める「フリーランス塾」で顧問を務める。「フリーランス塾」では、フリーランスで食べていくために重要な「感じの良さ」と「儲けスキル」を両立するノウハウが学べる。日本中、世界各地から多くの集まり、学びと交流の場になっている。詳しくは、https://note.com/cpa_tanaka/n/n9524454fa6e4

フリーランス大全

2023年12月11日　初版第一刷発行
2024年　2月15日　　第三刷発行

著　　者　井戸美枝
発 行 者　三輪浩之
発 行 所　株式会社エクスナレッジ

問い合わせ先　〒106-0032
東京都港区六本木7-2-26
https://www.xknowledge.co.jp/
編集　Tel：03-3403-6796
Fax：03-3403-0582
info@xknowledge.co.jp
販売　Tel：03-3403-1321
Fax：03-3403-1829